营改增背景下
税务会计理论与实务探析

杨荣军　田媛媛　著

吉林大学出版社

图书在版编目(CIP)数据

营改增背景下税务会计理论与实务探析/杨荣军，田媛媛著.--长春:吉林大学出版社,2018.7
ISBN 978-7-5692-3071-0

Ⅰ.①营… Ⅱ.①杨…②田… Ⅲ.①增值税－税收改革－影响－税务会计－研究－中国 Ⅳ.①F812.42

中国版本图书馆 CIP 数据核字(2018)第 210725 号

书　　名	营改增背景下税务会计理论与实务探析 YINGGAIZENG BEIJING XIA SHUIWU KUAIJI LILUN YU SHIWU TANXI
作　　者	杨荣军　田媛媛　著
策划编辑	孟亚黎
责任编辑	孟亚黎
责任校对	樊俊恒
装帧设计	马静静
出版发行	吉林大学出版社
社　　址	长春市朝阳区明德路 501 号
邮政编码	130021
发行电话	0431－89580028/29/21
网　　址	http://www.jlup.com.cn
电子邮箱	jlup@mail.jlu.edu.cn
印　　刷	北京亚吉飞数码科技有限公司
开　　本	787×1092　1/16
印　　张	16.25
字　　数	211 千字
版　　次	2019 年 3 月　第 1 版
印　　次	2024 年 9 月　第 2 次
书　　号	ISBN 978-7-5692-3071-0
定　　价	56.00 元

版权所有　翻印必究

前　言

2016年3月23日,经国务院批准,财政部、国家税务总局联合发文《关于全面推开营业税改征增值税试点的通知》(财税〔2016〕36号),明确自2016年5月1日起,全面实施营改增,增值税将替代营业税活跃在舞台上。营改增在一定程度上对于完善和延伸二、三产业的增值税抵扣链条,促进二、三产业的融合有积极作用;有利于消除重复征税,促进分工协作和市场细分;有利于发展壮大第三产业。

税务会计具有重要的作用,不仅为纳税人开展纳税检查和税务筹划提供准确的税务会计信息,也为税务机关开展税务稽查提供重要的涉税证据。营业税改征增值税是我国推出的一项重大的财税改革,税务会计作为会计的一个重要分支,必然会受到"营改增"改革的深刻影响。本书立足于当前我国税收政策的新变化,依据最新的税收法规,对税务会计进行研究。

本书共七章。第一章为总论,从历史和现实的角度对我国的税收进行了研究。第二章为我国营改增的税务政策与制度研究。第三章为营改增后我国增值税会计解读。第四章研究了企业其他税种的税务会计实务处理。第五章对营改增背景下税务筹划的实务方法进行了研究。第六章探讨了营改增后企业面临的税收风险及规避。第七章对我国现行税务稽查制度进行了解读。

在写作过程中,本书严格依据《企业会计准则》,对其进行深入浅出的分析。由于"营改增"新法规实施的时间较短,作者对其理解有可能不够深刻,加上时间、水平有限,书中难免有不足之处,希望各位读者批评指正。

作　者
2017年10月

目 录

第一章 总 论 ………………………………………………… 1
第一节 从历史出发:税务会计的产生与发展 …………… 1
第二节 站在现实中:我国税收征管制度 ………………… 5
第三节 税务会计的理论总述 …………………………… 16

第二章 我国营改增的税务政策与制度研究 …………………… 23
第一节 营改增后的纳税申报政策解读 ………………… 23
第二节 营改增后的税务征收政策解读 ………………… 29
第三节 营改增后具体行业的税务征收制度 …………… 44

第三章 营改增后我国增值税会计解读 ………………………… 61
第一节 营改增后我国增值税会计处理规定 …………… 61
第二节 两类不同纳税人的增值税科目设定 …………… 70
第三节 增值税的会计核算与纳税申报 ………………… 72

第四章 企业其他税种的税务会计实务处理 …………………… 91
第一节 消费税的税务会计实务处理 …………………… 91
第二节 所得税的税务会计实务处理 …………………… 103
第三节 城镇土地使用税会计实务处理 ………………… 126
第四节 城市维护建设税及教育费附加会计实务 ……… 130

第五章 营改增背景下税务筹划的实务方法研究 ……………… 135
第一节 税务筹划的基本理论 …………………………… 135
第二节 营改增后的税务筹划要点与方法探究 ………… 145
第三节 营改增的税务筹划案例分析 …………………… 162

第六章 营改增后企业面临的税收风险及规避 ………………… 176
第一节 税收风险的内涵以及营改增后的税收风险 …… 176
第二节 企业税收风险的识别 …………………………… 190

第三节　企业应对税收风险的主要措施 …………… 203
第七章　我国现行税务稽查制度解读 …………… 210
第一节　我国现行税务稽查制度的基本规定 ………… 210
第二节　税务稽查工作的步骤与方法 ………………… 215
第三节　企业应对税务稽查的方法与策略 …………… 232
参考文献 ……………………………………………… 249

第一章 总 论

营业税改增值税,是我国近年推出的一项重大财税改革。税务会计是会计中的一个重要的分支,也会受到"营改增"改革的深刻影响。本章从基础理论对税务会计进行研究分析。

第一节 从历史出发:税务会计的产生与发展

一、税收与税收会计

税收是一个分配范畴,也是一个历史范畴。它与国家都是社会发展到一定阶段的产物。税收是随着国家的产生而产生的,是国家财政收入的支柱。税收的发展历程,如图 1-1 所示。

税收会计是税务机关核算和监督税款征收和解缴的会计,其产生要早于税务会计,尽管税收会计比税务会计要简单。新中国成立后,由于长期实行"以利代税"政策,税收会计发展比较慢。到 1986 年 3 月,财政部颁发了《税收计划、会计、统计工作制度》,税收会计才成为独立的专业会计。1991 年,国家税务总局颁布了《税收会计核算试行办法》;1994 年,国家税务总局发出了《关于税收会计改革工作安排的通知》(从 1996 年 1 月 1 日起执行)。自此以后,我国才建立了较为成熟、完善的税收会计。

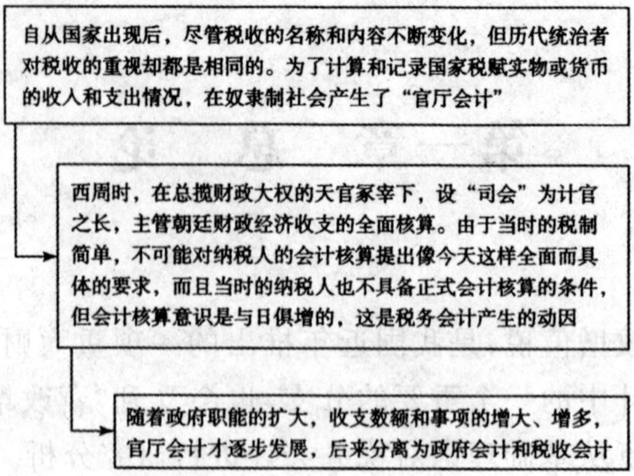

> 自从国家出现后,尽管税收的名称和内容不断变化,但历代统治者对税收的重视却都是相同的。为了计算和记录国家税赋实物或货币的收入和支出情况,在奴隶制社会产生了"官厅会计"

> 西周时,在总揽财政大权的天官冢宰下,设"司会"为计官之长,主管朝廷财政经济收支的全面核算。由于当时的税制简单,不可能对纳税人的会计核算提出像今天这样全面而具体的要求,而且当时的纳税人也不具备正式会计核算的条件,但会计核算意识是与日俱增的,这是税务会计产生的动因

> 随着政府职能的扩大,收支数额和事项的增大、增多,官厅会计才逐步发展,后来分离为政府会计和税收会计

图 1-1 税收的发展历程

二、税务与企业会计

税务,即税收事务。在此主要分析国家税收与企业会计的关系,或者说,税务与纳税人会计的关系。从历史上来看,大致经历了以下阶段。

(一)国家税收与企业会计两者各自为政,时有冲突

从历史上看,政府征税就是为了满足财政支出的需要,尤其是所得税、关税等大税种,更是与战争、与国家主权息息相关。政府收税,有税收会计进行记录和反映;政府财政支出,有政府会计进行记录和反映。但在一个相当长的历史时期,国家税法的制定、修订,是没有考虑或很少考虑纳税人在会计上是如何计算、反映的,这就使税法的执行缺乏可靠的基础。随着税收的不断法制化、企业会计的不断规范化和会计市场化,一方面代表国家要征税,另一方面企业会计要为纳税人计税并缴税,注册会计师受托进行审计。由于各自的角度不同、利益不同,难免会发生某些冲突。

(二)国家税收与企业会计两者开始相互促进

税收对会计的影响是多方面的、显而易见的、持续至今的。税收因素是促进会计的重心由计算资产盘存转向计算收入的主

要动力。对税法的承认是迅速保证选择出来的会计方法被广泛采用的一种手段。毫无疑问,税收有助于提高和改善通常的会计实务的连贯性和科学性。主要表现在三个方面,如图1-2所示。

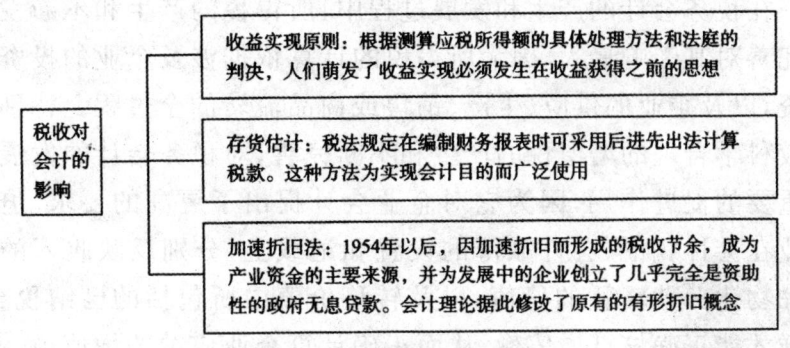

税收对会计的影响：
- 收益实现原则：根据测算应税所得额的具体处理方法和法庭的判决,人们萌发了收益实现必须发生在收益获得之前的思想
- 存货估计：税法规定在编制财务报表时可采用后进先出法计算税款。这种方法为实现会计目的而广泛使用
- 加速折旧法：1954年以后,因加速折旧而形成的税收节余,成为产业资金的主要来源,并为发展中的企业创立了几乎完全是资助性的政府无息贷款。会计理论据此修改了原有的有形折旧概念

图1-2 税收对会计的影响

(三)国家税收与企业会计两者各司其职,差异显著

税务与会计两者密切联系,但由于各自的目标、对象等差异,最终停止了两者相互仿效的初级做法,朝着完善各自的学科方向发展。两者最主要的差别,如图1-3所示。

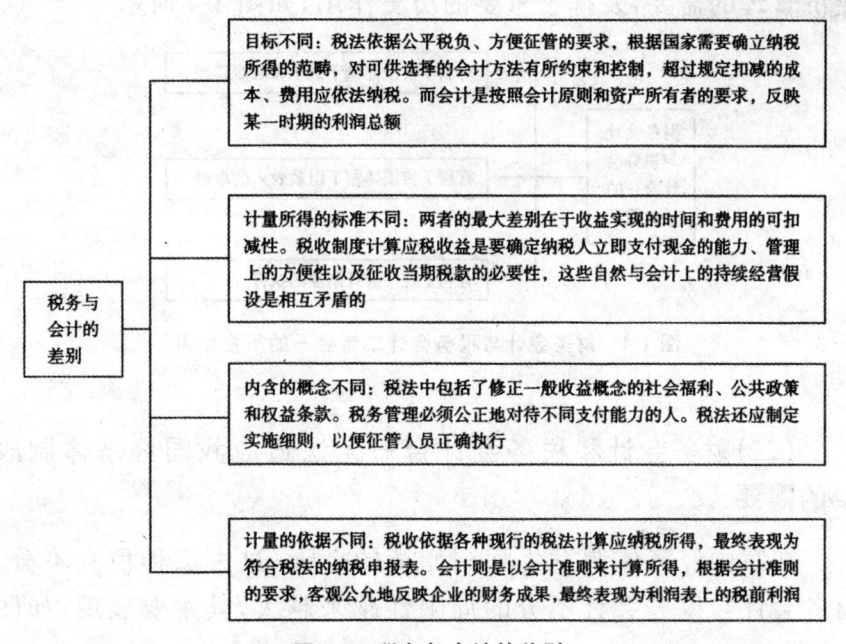

税务与会计的差别：
- 目标不同：税法依据公平税负、方便征管的要求,根据国家需要确立纳税所得的范畴,对可供选择的会计方法有所约束和控制,超过规定扣减的成本、费用应依法纳税。而会计是按照会计原则和资产所有者的要求,反映某一时期的利润总额
- 计量所得的标准不同：两者的最大差别在于收益实现的时间和费用的可扣减性。税收制度计算应税收益是要确定纳税人立即支付现金的能力、管理上的方便性以及征收当期税款的必要性,这些自然与会计上的持续经营假设是相互矛盾的
- 内含的概念不同：税法中包括了修正一般收益概念的社会福利、公共政策和权益条款。税务管理必须公正地对待不同支付能力的人。税法还应制定实施细则,以便征管人员正确执行
- 计量的依据不同：税收依据各种现行的税法计算应纳税所得,最终表现为符合税法的纳税申报表。会计则是以会计准则来计算所得,根据会计准则的要求,客观公允地反映企业的财务成果,最终表现为利润表上的税前利润

图1-3 税务与会计的差别

三、税务会计的独立成科是我国社会经济发展的需要

在税务会计的产生和发展过程中,所得税的产生和不断发展与完善对其影响最大,因为所得税的计算依据涉及企业的投资和筹资,以及企业的供应、生产、销售或商品流转的全过程。特别是比较科学合理的增值税的产生和不断完善,对税务会计的发展起了重要的促进作用,因为它对企业会计提出了更高的要求,迫使企业在会计凭证、会计账簿的设置和记载上,分别反映收入的形成和物化劳动转移的价值,以及转移价值中所包括的已纳税金,这样才能正确核算增值额,从而正确计算企业应纳的增值税。为了适应纳税人的需要,或者说,纳税人为了适应纳税的需要,税务会计显得越来越重要。

(一)财务会计与税务会计二者合一的历史作用

财务会计与税务会计合一的会计制度管理模式适应了我国经济管理的需要,发挥了重要的历史作用,如图 1-4 所示。

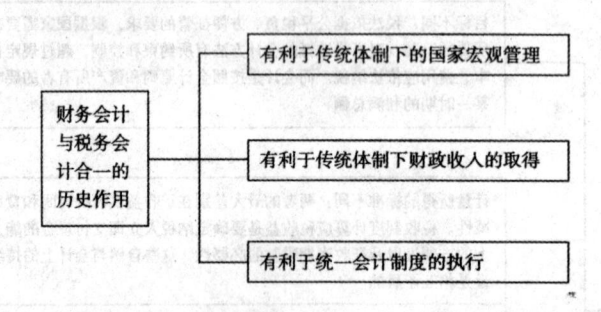

```
                    ┌─ 有利于传统体制下的国家宏观管理
财务会计
与税务会  ─────────┼─ 有利于传统体制下财政收入的取得
计合一的
历史作用            └─ 有利于统一会计制度的执行
```

图 1-4 财务会计与税务会计二者合一的历史作用

(二)财务会计和税务会计合一无法适应我国经济体制改革的需要

在我国经济体制发生深刻变革的今天,过去那种税利不分、财务会计与税务会计不分的局限性越来越大,其主要表现,如图 1-5 所示。

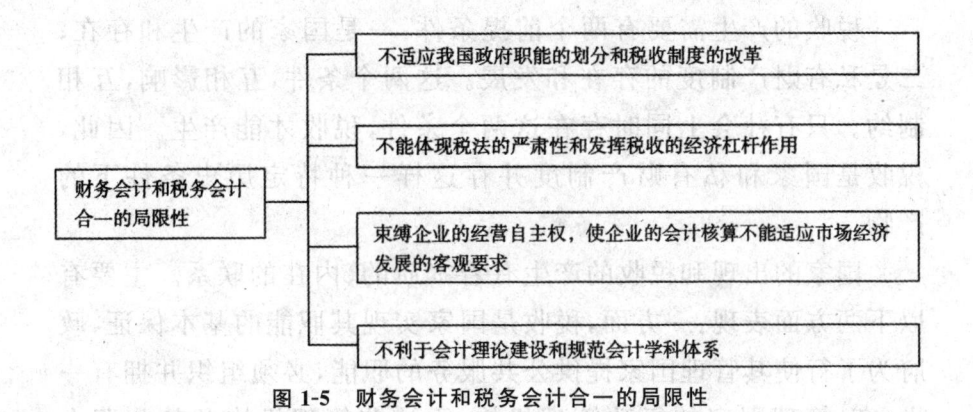

```
财务会计和税务会计合一的局限性
├── 不适应我国政府职能的划分和税收制度的改革
├── 不能体现税法的严肃性和发挥税收的经济杠杆作用
├── 束缚企业的经营自主权,使企业的会计核算不能适应市场经济发展的客观要求
└── 不利于会计理论建设和规范会计学科体系
```

图 1-5　财务会计和税务会计合一的局限性

(三)税务会计的独立成科是我国社会经济发展的必然趋势

财务会计与税务会计分立的必然性,如图 1-6 所示。

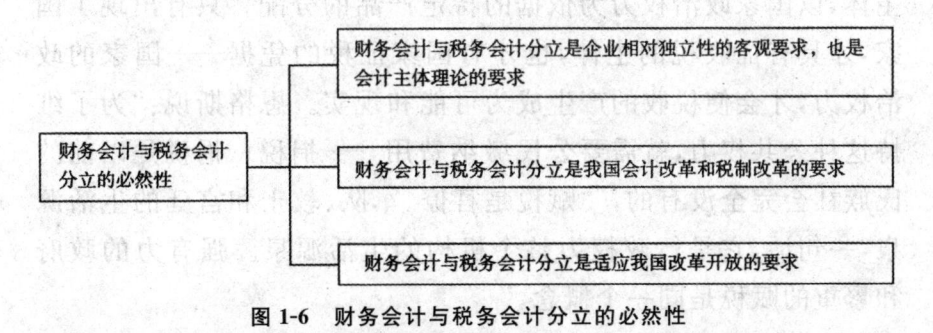

```
财务会计与税务会计分立的必然性
├── 财务会计与税务会计分立是企业相对独立性的客观要求,也是会计主体理论的要求
├── 财务会计与税务会计分立是我国会计改革和税制改革的要求
└── 财务会计与税务会计分立是适应我国改革开放的要求
```

图 1-6　财务会计与税务会计分立的必然性

第二节　站在现实中:我国税收征管制度

一、税收概述

(一)税收的含义

税收又称为"赋税""捐税"等,现在通常简称为"税",是国家为了实现其职能,依靠其政治权力,按照法律规定,强制、无偿地参与国民收入分配与再分配,取得可支配财政收入的一种手段。

税收的产生需要有两个前提条件：一是国家的产生和存在；二是私有财产制度的存在和发展。这两个条件，互相影响，互相制约。只有社会上同时存在这两个条件，税收才能产生。因此，税收是国家和私有财产制度并存这样一种特定历史条件下的产物。

国家的出现和税收的产生有着本质的、内在的联系。主要有以下两方面表现：一方面，税收是国家实现其职能的基本保证，政府为了行使其管理国家提供公共服务的职能，必须组织并拥有一批（套）管理国家的行政管理机构，而这些管理机构及其公职人员，并不从事物质生产，且需不断耗用一定的物质资料。为了解决这个矛盾，就要向社会成员征税。另一方面，税收是以国家为主体，以国家政治权力为依据的特定产品的分配。只有出现了国家，才具有征收税的主体，也才有国家征税的凭据——国家的政治权力，才会使税收的产生成为可能和现实。恩格斯说："为了维持这种公共权力，就需要公民缴纳费用——捐税。捐税是以前的氏族社会完全没有的，""赋税是官僚、军队、教士和宫廷的生活源泉，一句话，它是行政权力整个机构的生活源泉。强有力的政府和繁重的赋税是同一个概念。"

税收和私有财产制度的联系也很直接。税收是国家凭借政治权力而产生的分配形式，只有社会上存在着私有财产制度，而国家又需要将一部分不属于国家所有或不能直接支配使用的社会产品转变为国家所有的情况下，才有必要采取税收的方式。而那些本来就属于国家所有或国家可以直接使用的社会产品，国家无须或不一定都采用税收的方式去征收。

从整个人类社会发展的历史来看，税收都是遵循着"无商无税、无税无国"的运行轨迹而变化和发展，深刻地揭示了税收同经济、税收同国家的内在辩证的运动规律。本质上而言，税收是为适应人类社会经济发展的需要，特别是国家的需要而存在和发展的。同时，它又被用来作为执行国家职能的必不可少的重要经济杠杆。随着社会生产力的发展和各个社会政治、经济情况的发展变化,税收也经历了一个由简单到复杂,即由不成熟、不完善、不合理到比较成熟、比较完善、比较合理的发展演变过程。历史发展到今天,税收也由一国一制向国际化发展。税收的国际协调也日趋明显。

(二)税收的特征

税收是国家财政来源的基本和主要形式,相较于其他财政收入的形式,具有如下特点。

1. 非直接偿还性

非直接偿还性指的是税收虽然最终用之于民,但政府征税与具体纳税单位和个人受益之间并不存在一一对等或对应的交换关系。这一概念包括三层含义:一是税收是有偿的,而不是无偿的;二是税收是整体有偿,而不是个别有偿;三是税收有偿是非直接意义上的,不存在一一对应的直接偿还关系。

判断一种收入的获得是有偿还是无偿,最主要的是看与这种收入相关的对应支出是否用于收入的来源方面,只要两者在整体上具有一致性,那么,这种收入形式就是有偿的。反之,则是无偿的。税收是国家为满足社会公共需要,筹集财政资金的一种形式,它来源于企业、家庭及个人,亦用于人民的生产和生活必需的公共商品的提供,因此,税收是有偿的。但是,税收的这种有偿性是就整体而言的,而不是指个别有偿性。如恩格斯指出的,"纳税原则本质上是纯共产主义的原则……我们现在就只要求大家遵守这一原则,要求国家宣布自己是全国的主人,从而用社会财产为社会谋福利"。纯共产主义原则指的是国家按照社会的公共需要,向人民征收税款,获得社会财产,并以此为全社会谋取福利。但是,税收的有偿性指的是非直接意义上的,政府征税与纳税人受益之间不存在一一对应的直接偿还关系。即尽管税收最终用于满足社会公共需要,但国家征税时并不向纳税人支付任何报酬,税款征收入库之后也不直接以某种方式返还纳税人。由此来看,"所谓纳税,就是国家不付给任何报酬而向居民取得东西"。也正是从此意义上说,税收的形式特征最直接的表现是税收具有无偿性。而这是与公共商品的性质以及社会经济发展对税收的客观要求相一致的。

向公众征税是为了满足预算支出的需要,因此,支出的无偿性也要由收入的无偿性来解决。预算支出分为两类:一类是消耗性预算支出;另一类是财政转移性支出。其中,消耗性支出主要是为社会提供公共商品。由于公共商品在消费时具有非排他性和非竞争性的特点,因此,在消费时的效率价格为零。这就是说,居民在消费公共商品时不需要支付任何费用,是"免费"享用,但是,公共商品的提供却不可能是无成本的,因为它要占用和消耗稀缺资源。要让消费者(居民)在消费公共商品时自觉自愿地为之支付其受益的相应成本是不可能的。这也就是著名的公共商品消费时的"搭便车"行为。解决这个矛盾的主要办法就是依靠非市场机制的税收手段。税收的无偿性与预算支出的无偿性是并存的。

由以上分析可以看出,从直接的意义而言税收具有无偿性。即就政府同具体纳税人而言,权利和义务关系是不对等的。政府向纳税人征税,不是以具体提供公共商品为依据,而纳税人向政府纳税,也不是以具体分享公共商品利益为前提。因此,就政府与纳税人之间的具体关系来看,纳税人消费公共商品分享利益是无偿的,而政府向纳税人征税也是无偿的。税收的无偿性也是由税收作为补偿公共商品价值的这一性质所决定的。尽管政府税收同政府提供公共商品在价值上必须是对等的,否则,公共商品就无法提供。但消费者对公共商品并不表示偏好,提供公共商品的政府对消费者的公共商品受益也无法测度,因而不能采取直接的价格形式,只能采取间接的税收形式,从而决定了税收的无偿性特点。

税收的无偿性,主要是指纳税人税收支出的无报酬性和非返还性。前者是指国家征税以后,不再直接返还纳税人;后者是指纳税人缴纳的税收与国家为其提供的公共商品之间不存在对等关系。这一特点是由政府提供的公共商品的性质所决定的。税收是税务机关根据国家法律标准无偿地向纳税人征收的，纳税人及时、足额地按纳税标准付款是守法行为。虽然国家为企业、居民提供的公共商品是根据社会公共利益的需要而设定的，但它并不以具体的企业和个人缴纳的税收数量为前提，也不能因为某人交税而为之提供一项特别服务，因此，纳税与分享公共服务之间的对等关系无法存在。税收的无偿性也是由税收凭借行政权力而建立起来的分配关系这一性质所决定的。以财产权为依据所形成的经济关系，具有自愿、公平、有偿的特征，而税收则是一种超越于上述分配关系的无偿性分配关系。因此，尽管从直接的意义上看，税收具有无偿性，但结合税收的用途及纳税人免费消费公共商品两个方面综合考察，可以看出，税收总体上是有偿的，其基本特征之一体现为非直接偿还性。

2. 强制性

税收的强制性指的是政府凭借政治权力，以法律形式来确定政府作为征税人和社会成员作为纳税人之间的权利和义务关系。

强制性是税收最为明显的形式特征，但这是税收非直接偿还性的必然要求。因为正是税收所具有的非直接偿还性必然使局部利益与整体利益发生矛盾与冲突，而且税收总体规模越大，矛盾就越突出。因此，税收必须具有强制性，才能保证国家收入和社会利益不受侵害。

国家政治权力是税收强制性的力量来源。政府征税与市场上的商品交换具有不同的性质。在交换领域，交易行为依据的是商品经济的规则，一般遵循等价交换原则，即双方在价值量上应该是彼此无损失的；即使在不等价交换状况下，双方交换也是根据市场供求等条件自愿进行的，一般不存在强迫的情况。而政府征税则不然，必须运用强制性的公共权力。因为国家为满足公共需要，必须取得一定的财政收入。在不直接占有生产资料，不掌握财产所有权的前提下,国家必须运用政治权力强制参与一部分社会产品的分配。因此,税收是以国家权力为基础的不直接偿还的强制性收入。也就是说,尽管从总体上看税收最终会使全体人民受益,但税收的取得并不通过市场机制。这体现了税收的强制性。

在现代社会中,国家依据政治权力征税的强制性表现为法律的约束性,即表现为国家通过制定法律来达到其目的。法律对其实施范围内的单位和个人具有强制力。我国《宪法》第56条规定:"中华人民共和国公民有依照法律纳税的义务。"各国税法均规定了各税种的纳税人、税率等征税要素,还明确规定了有关的罚则。纳税义务人必须依法纳税,否则,要受到法律制裁。

强制性不仅体现在税法的制定上,而且也体现在税法的执法上,即它依靠国家权威来保证其实施,并确保国家的财政利益不受侵犯。税法的强制性还表现在对违法纳税人的处理上,纳税人违反税法,同违反其他法律一样,要受到法律的追究。这种责任,既包括刑事责任,也包括经济责任。税收正是通过国家权力的强制性来体现其强制性和权威性的。

3. 规范性

税收的规范性指的是其课征的依据是税法,国家在征税之前,就通过法律形式,把应开征的税种、征税范围、纳税人、征收比例及违法处罚标准等规定下来,由征纳双方共同遵守。简言之,税收的规范性包含以下两方面的含义:一是对什么征税,征多少税,由谁纳税必须是事先明确的,而不是任意确定的;二是税收活动的标准必须是统一的。即税收征纳,以及其他一切税收关系的处理及其标准是预先以法律形式规定的,具有相对稳定性。

税收的规范性与税收的前两个特点有着内在联系。即税收的征收具有非直接偿还性,依靠国家政治权力实行强制征收,但是,要保证这种分配活动的有效和有序,并维护国家和纳税人双方正当的利益,就有必要规范征纳双方的行为,通过法律形式预先确定各项征收数额和征税方法,这样既有利于纳税人合理安排各项支出,也有利于政府更好地实现其承担的各项政治经济职责。

具体而言,税收的规范性主要表现为以下几点:第一,税法的立、改、废的规范性。税法必须按立法程序,由有权立法的机关通过以后才能成立。也可由全国人民代表大会授权国务院制定和颁布税收条例(草案)或税收暂行条例,这也是产生税法的重要形式。第二,税法解释和征管的规范性。税法的解释是针对税法在执行过程中的实际问题,有权机关做出的相应规定或说明。税收的征收管理包括征收、管理、违章处罚等,这些内容也必须依法进行。第三,税款缴纳的规范性。纳税人应缴何种税,如何缴税,违法者应受到何种处分等,都应当事先明确。国家机关必须事先公布税法,使纳税人做到心中有数。

上述税收的三个形式特征,是一切税收的共性,这个特征是相互依存、不可分割的统一体,是税收区别于其他财政收入形式的基本标志,只有同时具备以上三个特征的财政收入形式才是税收。

二、税收制度

(一)税收制度的含义

税收制度的全称为税收法律、法规制度,简称"税制",是各项税收法规和征收管理制度的总称,是明确国家与纳税人在征纳税方面的权力责任、权利义务关系的法律规范的总称。其含义既有广义的,也有狭义的。在广义上税收制度是指国家以法律形式规定的税种设置及各项税收征收管理制度,通常包括税法通则,各税种的基本法律、法规、条例、实施细则、具体规定和征收管理办法等。狭义上是指国家设置某一具体税种的课征制度,由纳税人、征税对象、税率、纳税环节、纳税期限、税收优惠、违章处理等基本要素组成。国家税收制度是为了将国家与纳税人两者之间的征纳关系明确下来,通过将其法律化、规范化,使其成为国家纳税人必须共同遵守的法律准则。税收制度的制定有两方面的作用,一是使纳税人履行纳税义务,二是使征税机关得到制约。

税法和税收是紧密联系的,税法是税收的法律表现形式,税收是税法所规定的具体的内容。在国家存在的前提下,通过税收,国家来对整个社会剩余产品进行分配,为了实现和更好地发挥税收的分配职能,就需要有相应的税收制度来进行相关的规范。一个国家的税收制度和它的生产力发展水平、生产关系性质、经济管理体制以及税收的作用等紧密相关。在不同的国家发展阶段里,税收制度是不同或不完全相同的。符合经济发展规律的税收制度会促进社会生产力的发展,而反之,税收制度则对社会生产力的发展起到阻碍作用。

(二)税收制度的构成要素

1.纳税人

纳税人是指纳税义务人,它是税收制度的最基本的构成要素,这是通过税法直接规定的,是直接有纳税义务的个人和单位。通过对纳税人做出规定,解决了税收制度中由谁纳税的问题。在不同的税种中,其纳税人是不同的。纳税人可以分为自然人纳税人和法人纳税人两个大类。

2.征税对象

征税对象是指税法规定的征税的目的物,也称课税客体,征收对象说明了对什么东西征税的问题,划分出不同税种的基本界限。在税收制度中征税对象是其核心要素,它对各个税种的纳税人做出了规定,也对税种的税率做出了制约。通过征税对象可以区别出不同的税种,在确定税种名称时征收对象可以作为主要的参考依据。例如,以所得额为征税对象的称所得税,以车船为征税对象的称车船税等。为了筹集财政资金、对国家经济进行宏观调控,国家根据本国的客观经济情况来确定征收对象。当前来看,世界上各个国家征税的对象主要是商品(劳务)、所得和财产三大类。

税目、计税依据、税源、税本等概念也与征税对象紧密相关。

税目是指征税对象的具体项目,它对一个税种的征收范围做出了规定,体现着征税的广度。设定税目主要有两种方式:一是类别法,它是将同质的物品归为一类,如木制品、橡塑制品等。二是列举法,列举法有正列举法和反列举法之分。正列举法,即列举的征税,不列举的不征税;反列举法,即列举的不征税,不列举的都征税。划分税目大都采用列举法,即按照征税的产品或经营的项目分别设置税目,必要时还可以在一个税目下设置若干子目。

计税依据是指直接计算应纳税额的依据。计税依据和征税对象两者是相互联系、相互区别的。计税依据是征税对象的量化。征税对象侧重于从质上对什么征税做出规定,计税依据则是从数量上对征税对象进行计量。对征税对象计量的标准有从价计量和从量计量两种方式。

税源亦称经济税源,是税收课征的源泉。税收是对国民收入进行分配和再分配的主要形式,广义上来看,国民经济生产、流通各部门创造的国民收入是税收的主要来源。税收的多少由经济的好坏来决定。每种税都有各自的经济来源,即国民收入分配中形成的企业或个人的各种收入。各个税种都规定了具体的征税对象,各有其不同的具体税源。所以,征税对象与税源是两个密切相关的不同概念。如财产税的征税对象是财产的价值或数量,税源则是财产的收益或财产所有者的收入。所以,税收工作的重要内容之一就是要对税源的发展变化进行研究,这有助于做好税收政策和税收制度,开辟和保护税源,有助于提高财政收入,使税收的经济杠杆作用得到充分的发挥。

税本是指产生税源的要素。税源来自国民收入,国民收入则是生产劳动者和生产资料相结合创造的,归根结底,生产劳动者和生产资料就成为产生税源的根本要素,也就称为税本。由此来看,应充分发挥好税收对国民经济的调节作用,要保护税本不受侵害,壮大税本来增加税收。

3. 税率

税率是指对征税对象征税的比例或额度,税率是纳税人缴纳税款的计算依据。通过税率可以计算出税收要征多少,通过税率可以表现出税收的深度,也可以反映出国家相关方面的经济政策。税率的高低对于国家的财政收入有着直接的影响,同时也关系着纳税人的税收负担的轻重与否。在税收制度中,税率是其中心环节。按照征收的形式与否,税率可以分为比例税率、累进税率和定额税率三种。

4. 纳税环节

纳税环节是指在商品生产流转过程中应当缴纳税款的环节。这是税收必须要做的工作。不同的税种纳税环节是不同的,有的税种有明确的纳税环节,而有的税种其纳税环节则不确定,需要有流转环节才能将纳税环节确定下来。例如,对一种商品,在生产、批发、零售诸环节中,只选择在一个环节征税,称为"一次课征制";选择两个环节征税,称为"两次课征制";在所有流转环节道道征税,称为"多次课征制"。纳税环节与征税对象的确定有一定的关系。通常而言,征税对象及其范围确定以后,纳税环节也就确定了。不同税种的纳税环节并不相同。从税制发展的趋势来看,一次课征制和两次课征制相对较少,较为普遍的是多次课征制,即道道征税。

确定纳税环节有重要的意义和作用。它对于税制结构和税种布局、税款能否及时足额入库、地区间税收收入分配是否合理等有重要的影响,与此同时,也影响了企业的经济核算以及是否便利纳税人缴纳税款等。因此,在确定纳税环节时,需要将其与价格制度、企业财务核算制度相适应,同时要与收入在各个环节的分布情况相适应,以保证经济的发展,做好税源控制。

5. 纳税期限

纳税期限是指纳税人发生纳税义务后多长时间为一期向国家缴纳税款的时间界限。从有利于税款及时足额入库出发,纳税期限的规定一般有按期纳税和按次纳税两种情况。

按期纳税就是规定一个纳税的时间期限,将规定期限内多次发生的同类纳税义务汇总计算应纳税款。这种期限是根据征税对象的特点和应纳税款的多少来确定的。一般可分别定为1日、3日、5日、10日、15日或1个月。

按次纳税就是按发生纳税义务的次数确定纳税期限,以每发生一次纳税义务为一期。不经常发生应税行为或按期纳税有困难的纳税人,实行按次纳税。

6. 纳税地点

纳税地点是税法规定纳税人缴纳税款的地点。税种不同其纳税环节不同,同时,在不同的企业中,其生产经营方式也并不完全相一致,因此,为了方便对税收进行征收管理,达到有效控制税源的目标,税法通常要在各税种中明确规定纳税人的具体纳税地点。具体来看,纳税地点主要有五种:一是就地纳税;二是营业行为所在地纳税;三是外出经营纳税;四是汇总缴库;五是口岸纳税。

7. 税收优惠

税收优惠是指税法对某些特定纳税人或征税对象给予的一种免除规定。主要有减税和免税、税收抵免等。税收优惠主要是对某些纳税人和征税对象采用减少征税或者免予征税的特殊规定。

8.违章处理

违章处理体现了税收的法律责任,是指纳税人违反税收法律所应当承担的法律后果,它体现了税收的强制性。作为纳税人必须依法纳税。纳税人如果发生偷税、欠税、骗税、抗税行为,或者发生不按规定办理税务登记、向税务机关提供有关纳税资料、不配合税务机关的纳税检查等行为,都属于违法行为,都要受到法律的制裁。

总的来看,税收制度是由以上诸多要素构成的,在这些税收要素中,纳税人、征税对象和税率是税收制度的三大基本要素。

第三节 税务会计的理论总述

一、税务会计的对象

税务会计的对象是税务会计的客体。它是纳税人因纳税而引起的税款的形成、计算、缴纳、补退、罚款等经济活动以货币表现的资金运动,是企业在生产、经营过程中以货币表现的税务活动。税务会计的对象,如图1-7所示。

从总体上而言,所有会计要素都与纳税有关,但并不是各会计要素的每一经济事项都与纳税有关。税务会计与财务会计虽然在总体上是一致的,但在具体内容上,税务会计要小于财务会计。

税务会计的对象

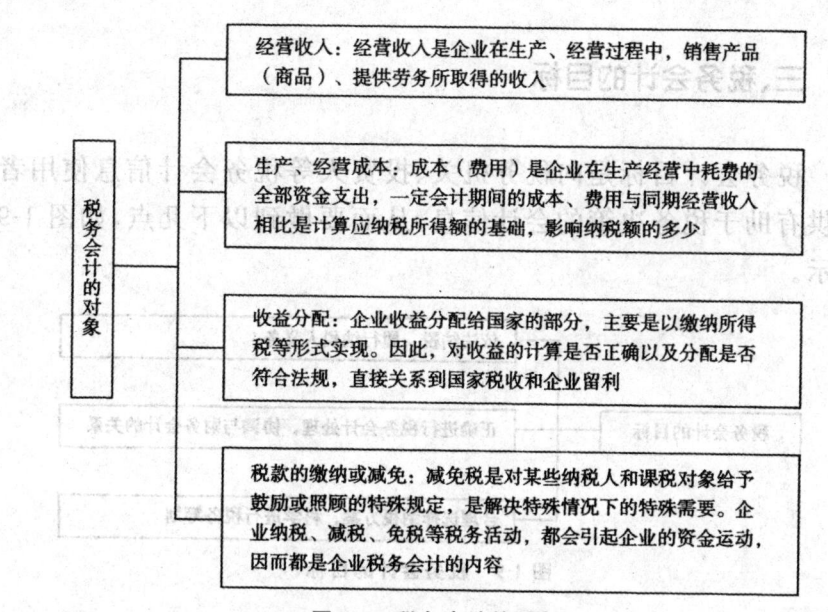

- **经营收入**：经营收入是企业在生产、经营过程中，销售产品（商品）、提供劳务所取得的收入
- **生产、经营成本**：成本（费用）是企业在生产经营中耗费的全部资金支出，一定会计期间的成本、费用与同期经营收入相比是计算应纳税所得额的基础，影响纳税额的多少
- **收益分配**：企业收益分配给国家的部分，主要是以缴纳所得税等形式实现。因此，对收益的计算是否正确以及分配是否符合法规，直接关系到国家税收和企业留利
- **税款的缴纳或减免**：减免税是对某些纳税人和课税对象给予鼓励或照顾的特殊规定，是解决特殊情况下的特殊需要。企业纳税、减税、免税等税务活动，都会引起企业的资金运动，因而都是企业税务会计的内容

图 1-7　税务会计的对象

二、税务会计的特征

与财务会计相比，税务会计既有共同性，也有其自身的特点。总的来看，税务会计与财务会计的不同点如图 1-8 所示。

税务会计的特点

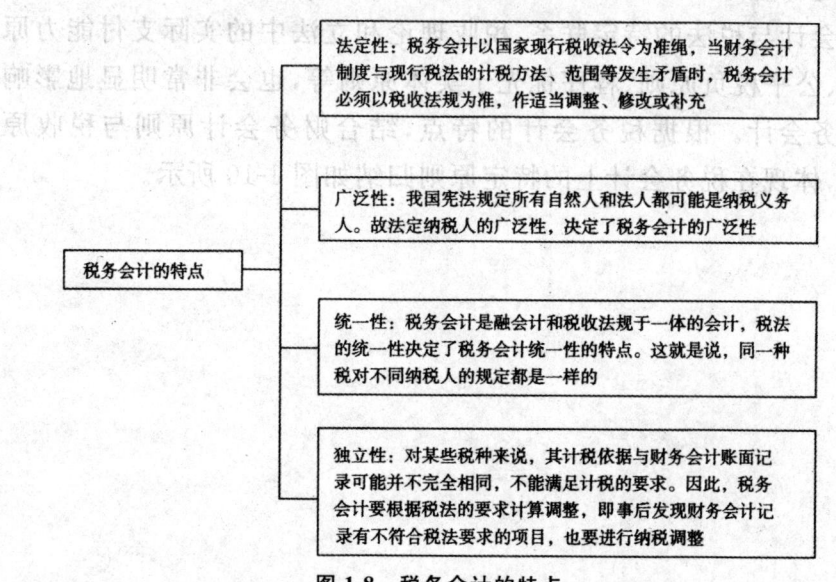

- **法定性**：税务会计以国家现行税收法令为准绳，当财务会计制度与现行税法的计税方法、范围等发生矛盾时，税务会计必须以税收法规为准，作适当调整、修改或补充
- **广泛性**：我国宪法规定所有自然人和法人都可能是纳税义务人。故法定纳税人的广泛性，决定了税务会计的广泛性
- **统一性**：税务会计是融会计和税收法规于一体的会计，税法的统一性决定了税务会计统一性的特点。这就是说，同一种税对不同纳税人的规定都是一样的
- **独立性**：对某些税种来说，其计税依据与财务会计账面记录可能并不完全相同，不能满足计税的要求。因此，税务会计要根据税法的要求计算调整，即事后发现财务会计记录有不符合税法要求的项目，也要进行纳税调整

图 1-8　税务会计的特点

三、税务会计的目标

税务会计目标是向税务机关、投资人等税务会计信息使用者提供有助于税务决策的会计信息,从而要做到以下几点,如图 1-9 所示。

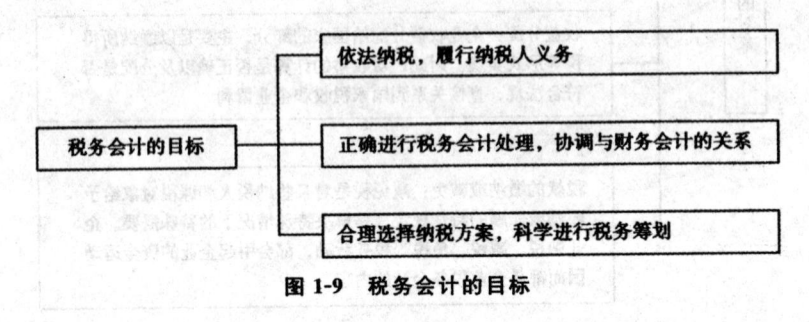

税务会计的目标:
- 依法纳税,履行纳税人义务
- 正确进行税务会计处理,协调与财务会计的关系
- 合理选择纳税方案,科学进行税务筹划

图 1-9　税务会计的目标

四、税务会计的基本原则

税务会计与财务会计具有紧密相连的特点,因此,财务会计中的总体性要求原则、会计信息质量要求原则以及会计要素的确认与计量原则,大部分或基本上也都适用于税务会计。但又因税务会计与税法的特定联系,税收理论和立法中的实际支付能力原则、公平税负原则、程序优先于实体原则等,也会非常明显地影响税务会计。根据税务会计的特点,结合财务会计原则与税收原则,体现在税务会计上的特定原则归纳如图 1-10 所示。

税务会计的基本原则

- **修正的应计制原则**：实现制突出地反映了税务会计的重要原则——现金流动原则（具体化为公平负税和支付能力）。该原则是确保纳税人有能力支付应纳税款而使政府获取财政收入的基础。但是，由于实现制不符合财务会计准则的规定，一般不能用于财务报告目的，只适用于个人和不从事商品购销业务的单位的纳税申报

- **与财务会计日常核算方法相一致原则**：由于税务会计与财务会计的密切关系，税务会计一般应遵循各项财务会计准则。只有当某一事项按会计准则在财务报告日期确认以后，才能确认该事项按税法规定计量的应课税款；依据会计准则在财务报告日期尚未确认的事项可能影响到当日已确认的其他事项的最终应课税款，但只有在根据会计准则确认导致征税效应的事项之后，才予以确认这些征税效应，这就是"与日常核算方法相一致"的原则

- **划分营业收益与资本收益的原则**：这两种收益具有不同的来源和不同的纳税责任，在税务会计中要求严格地划分。营业收益是指企业通过其经常性的主要经营活动而获得的收入，通常表现为现金流入或其他资产的增加或负债的减少，其内容包括主营业务收入和其他业务收入两个部分，其税额的课征标准一般按正常税率计征

- **配比原则**：配比原则是财务会计的一般规范，将其应用于所得税会计，便成为支持"所得税跨期摊配"的重要指导思想。采纳所得税是一种费用的观点，意味着如果所得税符合确认与计量两个标准，则应计会计对于费用就是适宜的

- **确定性原则**：确定性原则是指在所得税会计处理过程中，按所得税法的规定，在纳税收入和费用的实际实现上应具有确定性的性质。这一原则具体体现在"递延法"的处理中。在递延法下，当初的所得税税率是可考证的，递延所得税是产生暂时性差异的历史交易事项造成的结果。按当初税率报告递延所得税，符合会计是以历史成本基础报告绝大部分经济事项的特点，提高了会计信息的可信性

- **可预知性原则**：可预知性原则是支持并规范"债务法"的原则。债务法关于递延所得税资产或负债的确认模式，是基于这样的前提：根据会计准则编制的资产负债表，所报告的资产和负债金额将分别收回或清偿。因此，未来年份应税收益只在逆转差异的限度内才被认可，即未来年份的应税收益仅仅受本年暂时性差异的影响，而不预期未来年份赚取的收益或发生的费用

图 1-10　税务会计的基本原则

五、税务会计的基本前提

税务会计目标是提供有助于企业税务决策的信息，而企业错综复杂的经济业务会使会计实务存在种种不确定因素。因此，要进行正确的判断和估计，就要明确税务会计的基本前提（假定）。税务会计与财务会计关系密切，财务会计中的基本前提有些也适用于税务会计，如会计分期、货币计量等。但税务会计在具体运用时，也有其基本的前提，如图 1-11 所示。

— 19 —

```
┌─────────────────────────────────────────────────────────────────┐
│ 纳税主体：税法规定的直接负有纳税义务的单位和个人，亦称"纳税人"，包括自 │
│ 然人和法人。规定不同税种的不同纳税人，有利于体现税收政策中合理负担和 │
│ 区别对待的原则，协调国民经济各部门、各层次的关系。会计主体是财务会计 │
│ 为其服务的特定单位或组织，会计处理的数据和提供的会计信息，被严格限制 │
│ 在一个特定的独立的或相对独立的经营单位之内，典型的会计主体是企业，但 │
│ 纳税主体不一定都是会计主体                                      │
└─────────────────────────────────────────────────────────────────┘

┌─────────────────────────────────────────────────────────────────┐
│ 持续经营：持续经营前提意味着该企业个体将继续存在足够长的时间以实现它 │
│ 现在的承诺，如预期所得税在将来被继续课征。这是所得税款递延、亏损前溯 │
│ 或后转以及暂时性差异能够存在并且能够使用纳税影响会计法进行所得税跨期 │
│ 摊配的理由所在                                                   │
└─────────────────────────────────────────────────────────────────┘

┌─────────────────────────────────────────────────────────────────┐
│ 货币时间价值：货币(资金)在其运行过程中具有增值能力。这一基本前提已成 │
│ 为税收立法、税务征管和纳税人选择会计方法的立足点，它深刻地揭示出了纳 │
│ 税人进行税务筹划的内在原因，也同时说明了所得税会计中采用"纳税影响会 │
│ 计法"进行纳税调整的必要性                                        │
└─────────────────────────────────────────────────────────────────┘

┌─────────────────────────────────────────────────────────────────┐
│ 纳税年度：纳税年度是指纳税人应向国家缴纳各种税款的起止时间。如我国所 │
│ 得税法规定，应纳税年度是指自公历 1 月 1 日起至 12 月 31 日止。纳税年度一般 │
│ 要根据国民经济各部门生产经营特点和纳税人缴纳税款数额的多少来确定。如 │
│ 纳税人在一个纳税年度的中间开业，或者由于合并、关闭等原因，使该纳税年 │
│ 度的实际经营期限不足 12 个月的，应当以其实际经营期限为一个纳税年度    │
└─────────────────────────────────────────────────────────────────┘

┌─────────────────────────────────────────────────────────────────┐
│ 年度会计核算：年度会计核算是税务会计中最根本的前提，即认为税制是建立 │
│ 在年度会计核算期间的基础上，而不是建立在某一特定业务上。课税总 │
│ 针对某一特定纳税期间里发生的全部事件的净结果，而不考虑当期事件在后续 │
│ 年度中的可能结果如何，后续事件将在其发生的年度内考虑                │
└─────────────────────────────────────────────────────────────────┘
```

图 1-11 税务会计的基本前提

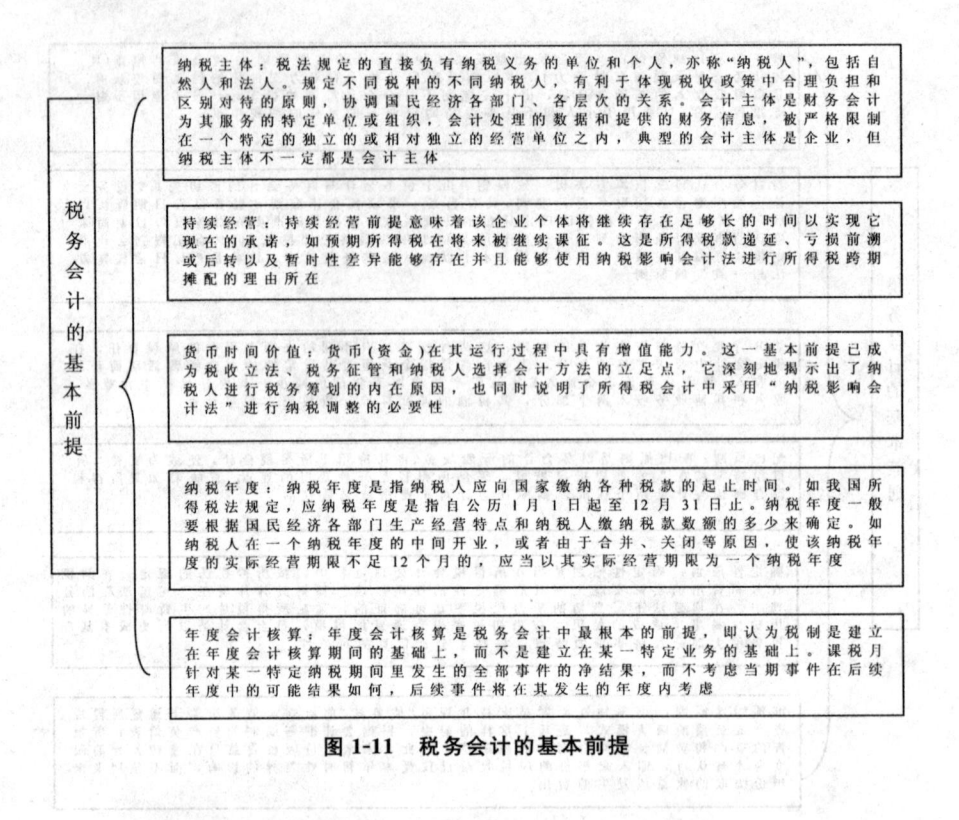

六、税务会计的任务

税务会计作为会计的一个分支，既要以国家税法为准绳，促使企业认真履行纳税义务，又要使企业在国家税法的允许范围内，追求企业纳税方面的经济利益。税务会计的任务，如图 1-12 所示。

七、税务会计的方法

为了实现税务会计的目标就要采用一定的方法。税务会计的方法是实现税务会计目标的技术和措施。由于税务会计是财务会计中一个专门处理会计收益与应税收益之间差异的会计程序，其目的在于协调财务会计与税法之间的关系，并保证财务报告充分揭示真实的会计信息。因此，财务会计中所使用的一系列会计方法同样适用于税务会计。如财务会计中的账户设置、复式记账、审核和填制会计凭证、登记账簿、成本计算、财产清查、编报财务报告等。这就是说,税务会计并非是在财务会计之外另起炉灶,另设一套凭证、账簿、报表,而是在此基础上进行纳税计算和调整。

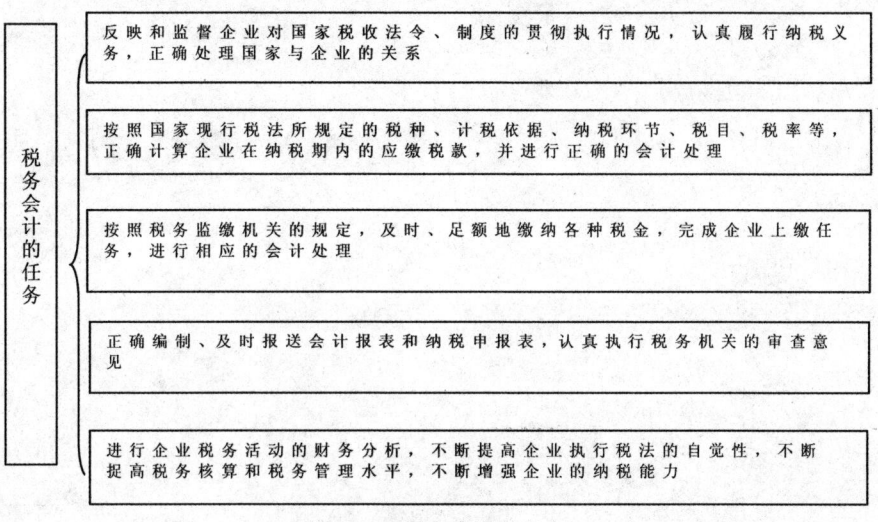

税务会计的任务:
- 反映和监督企业对国家税收法令、制度的贯彻执行情况,认真履行纳税义务,正确处理国家与企业的关系
- 按照国家现行税法所规定的税种、计税依据、纳税环节、税目、税率等,正确计算企业在纳税期内的应缴税款,并进行正确的会计处理
- 按照税务监缴机关的规定,及时、足额地缴纳各种税金,完成企业上缴任务,进行相应的会计处理
- 正确编制、及时报送会计报表和纳税申报表,认真执行税务机关的审查意见
- 进行企业税务活动的财务分析,不断提高企业执行税法的自觉性,不断提高税务核算和税务管理水平,不断增强企业的纳税能力

图 1-12 税务会计的任务

除上述相同部分外,税务会计也有其某些特定方法,如编制纳税申报表、填制税收缴款书、增值税专用发票的填制与审核、应交增值税明细表的编制,所得税会计中的应付税款法、纳税影响会计法,合并申报纳税方法以及税务筹划方法等。

本章小结

随着我国经济的不断壮大与发展,使得正处在转变经济发展方式的各大产业要不断改革创新,不断促进第三产业的发展,同时还要致力于我国经济结构的调整,要不断促进综合实力的提高。"营改增"新政策的实施是对税收政策的改革与完善,对于我国的税务会计有很大的影响,这就进一步引起了国家和各界学者的研究和关注。本章就针对营业税改增值税背景下的税务会计的相关问题进行了简单介绍。本章主要有三个方面：一是分析税务会计的产生与发展；二是分析我国税收征管制度；三是税务会计的理论总述，对税务会计的对象、特征、目标、基本原则、基本前提、任务、方法等进行研究。本章是基础性的理论，为此后的研究奠定了基础。

第二章 我国营改增的税务政策与制度研究

我国在很长一段时间以来都实行双税种并行的税制,这种税制的一项缺点就是容易重复征税。因此,为了减少重复征税,促使整个社会实现更好的良性循环,实现企业税负的降低,我国于2012年开始逐步实施由增值税全面代替营业税的税制改革。我国为了营改增制定了很多政策、制度,本章对一些典型政策、制度进行分析和研究,以便更好地理解营改增。

第一节 营改增后的纳税申报政策解读

纳税申报是纳税人缴纳增值税时必须进行的一项工作,是整个纳税过程中的重要环节,因此有必要对该环节进行全面系统的了解和掌握。营改增后对纳税人的纳税申报进行了具体规定,本节就这部分内容进行详细分析和解读。

一、国家税务总局关于发布《中华人民共和国企业所得税年度纳税申报表(A类,2017年版)》的公告及其政策解读

(一)国家税务总局关于发布《中华人民共和国企业所得税年度纳税申报表(A类,2017年版)》的公告

2018年1月,国家税务总局发布了《中华人民共和国企业所得税年度纳税申报表(A类,2017年版)的公告》,《国家税务总局关于发布〈中华人民共和国企业所得税年度纳税申报表(A类,2014年版)〉的公告》(国家税务总局公告2014年第63号)、《国家税务总局关于修改企业所得税年度纳税申报表(A类,2014年版)

部分申报表的公告》(国家税务总局公告 2016 年第 3 号)同时废止。

(二)对其政策解读

1.有关背景

《年度纳税申报表(A 类,2014 年版)》发布以来,对协助纳税人履行纳税义务,提高纳税遵从度,加强企业所得税科学化、专业化、精细化管理发挥了积极作用。但是,随着企业所得税相关政策不断完善,税务系统"放管服"改革不断深化,《年度纳税申报表(A 类,2014 年版)》已不能满足纳税申报需要。为全面落实企业所得税相关政策,进一步优化税收环境,减轻纳税人办税负担,税务总局在广泛征求各方意见的基础上,对企业所得税年度纳税申报表进行了优化、简化,发布《中华人民共和国企业所得税年度纳税申报表(A 类,2017 年版)》[以下简称《年度纳税申报表(A 类,2017 年版)》]。

2.修订原则

为符合纳税人填报习惯,《年度纳税申报表(A 类,2017 年版)》在保持《年度纳税申报表(A 类,2014 年版)》整体架构不变的前提下,遵循"精简表单、优化结构、方便填报"的原则,进一步优化纳税人填报体验,在填报难度上做"减法",在填报质量上做"加法",在填报服务上做"乘法"。

(1)报表结构更合理

为便利纳税人申报,缩减申报准备时间,《年度纳税申报表(A 类,2017 年版)》精简了表单,表单数量减少 10%,进一步减轻了纳税人填报负担。

(2)落实政策更精准

2017 年,党中央、国务院做出一系列重大决策部署,助力供给侧结构性改革,鼓励企业创新发展,为了贯彻落实好相关所得税优惠政策,《年度纳税申报表(A类,2017年版)》对相应附表或表单栏次进行了优化与调整。

(3)填报过程更便捷

为使纳税人能够准确填报,《年度纳税申报表(A类,2017年版)》进一步优化了报表勾稽关系,为智能填报创造条件。例如,网上申报的纳税人,小微企业优惠金额、项目所得减免优惠金额等事项均可根据纳税人填报的基础数据自动计算、填写。

3. 主要变化

《年度纳税申报表(A类,2017年版)》主要在以下几方面进行了优化。

(1)根据政策变化对部分表单和数据项进行了调整

为落实捐赠支出扣除政策、研发费用加计扣除政策、高新技术企业和软件、集成电路企业优惠政策等一系列税收政策,修订了《捐赠支出及纳税调整明细表》(A105070)、《研发费用加计扣除优惠明细表》(A107012)、《高新技术企业优惠情况及明细表》(A107041)、《软件、集成电路企业优惠情况及明细表》(A107042)等表单,调整了《期间费用明细表》(A104000)、《纳税调整项目明细表》(A105000)、《企业重组及递延纳税事项纳税调整明细表》(A105100)、《特殊行业准备金及纳税调整明细表》(A105120)、《符合条件的居民企业之间的股息、红利等权益性投资收益优惠明细表》(A107011)、《抵扣应纳税所得额明细表》(A107030)等表单的部分数据项。

(2)对部分表单进行了精简

为减轻纳税人填报负担,取消原有的《固定资产加速折旧、扣除明细表》(A105081)、《资产损失(专项申报)税前扣除及纳税调整明细表》(A105091)、《综合利用资源生产产品取得的收入优惠明细表》(A107012)和《金融、保险等机构取得的涉农利息、保费收入优惠明细表》(A107013)4张表单。

(3) 对部分表单的数据项进行了优化

为减少涉税信息重复填报,对《企业基础信息表》(A000000)、《资产折旧、摊销及纳税调整明细表》(A105080)、《资产损失税前扣除及纳税调整明细表》(A105090)、《免税、减计收入及加计扣除优惠明细表》(A107010)、《所得减免优惠明细表》(A107020)、《减免所得税优惠明细表》(A107040)、《企业所得税汇总纳税分支机构所得税分配表》(A109010)等表单的数据项进行了调整和优化。

(4) 对部分表单数据项的填报口径和逻辑关系进行了优化和明确

根据企业所得税政策调整和实施情况,对《中华人民共和国企业所得税年度纳税申报表(A类)》(A100000)、《职工薪酬支出及纳税调整明细表》(A105050)、《企业所得税弥补亏损明细表》(A106000)、《境外所得税收抵免明细表》(A108000)、《境外所得纳税调整后所得明细表》(A108010)、《境外分支机构弥补亏损明细表》(A108020)、《跨年度结转抵免境外所得税明细表》(A108030)、《跨地区经营汇总纳税企业年度分摊企业所得税明细表》(A109000)部分数据项的填报口径和逻辑关系进行了优化和明确。

4. 实施时间

《公告》适用于纳税人2017年度及以后年度汇算清缴。以前年度企业所得税年度纳税申报表相关规则与本《公告》不一致的,不追溯调整。纳税人调整以前年度涉税事项的,应按相应年度的企业所得税年度纳税申报表相关规则调整。

二、国家税务总局关于增值税一般纳税人登记管理若干事项的公告及其政策解读

(一) 国家税务总局关于增值税一般纳税人登记管理若干事项的公告

第一条 为了做好增值税一般纳税人(以下简称"一般纳税人")登记管理,根据《中华人民共和国增值税暂行条例》及其实施细则有关规定,制定本办法。

第二条 增值税纳税人(以下简称"纳税人"),年应税销售额超过财政部、国家税务总局规定的小规模纳税人标准(以下简称"规定标准")的,除本办法第四条规定外,应当向主管税务机关办理一般纳税人登记。

本办法所称年应税销售额,是指纳税人在连续不超过12个月或四个季度的经营期内累计应征增值税销售额,包括纳税申报销售额、稽查查补销售额、纳税评估调整销售额。

销售服务、无形资产或者不动产(以下简称"应税行为")有扣除项目的纳税人,其应税行为年应税销售额按未扣除之前的销售额计算。纳税人偶然发生的销售无形资产、转让不动产的销售额,不计入应税行为年应税销售额。

第三条 年应税销售额未超过规定标准的纳税人,会计核算健全,能够提供准确税务资料的,可以向主管税务机关办理一般纳税人登记。

本办法所称会计核算健全,是指能够按照国家统一的会计制度规定设置账簿,根据合法、有效凭证进行核算。

第四条 下列纳税人不办理一般纳税人登记:

(一)按照政策规定,选择按照小规模纳税人纳税的;

(二)年应税销售额超过规定标准的其他个人。

第五条 纳税人应当向其机构所在地主管税务机关办理一般纳税人登记手续。

第六条 纳税人办理一般纳税人登记的程序如下:

(一)纳税人向主管税务机关填报《增值税一般纳税人登记表》(附件1),如实填写固定生产经营场所等信息,并提供税务登记证件;

(二)纳税人填报内容与税务登记信息一致的,主管税务机关当场登记;

(三)纳税人填报内容与税务登记信息不一致,或者不符合填列要求的,税务机关应当场告知纳税人需要补正的内容。

第七条 年应税销售额超过规定标准的纳税人符合本办法第

四条第一项规定的,应当向主管税务机关提交书面说明(附件2)。

第八条 纳税人在年应税销售额超过规定标准的月份(或季度)的所属申报期结束后15日内按照本办法第六条或者第七条的规定办理相关手续;未按规定时限办理的,主管税务机关应当在规定时限结束后5日内制作《税务事项通知书》,告知纳税人应当在5日内向主管税务机关办理相关手续;逾期仍不办理的,次月起按销售额依照增值税税率计算应纳税额,不得抵扣进项税额,直至纳税人办理相关手续为止。

第九条 纳税人自一般纳税人生效之日起,按照增值税一般计税方法计算应纳税额,并可以按照规定领用增值税专用发票,财政部、国家税务总局另有规定的除外。

本办法所称的生效之日,是指纳税人办理登记的当月1日或者次月1日,由纳税人在办理登记手续时自行选择。

第十条 纳税人登记为一般纳税人后,不得转为小规模纳税人,国家税务总局另有规定的除外。

第十一条 主管税务机关应当加强对税收风险的管理。对税收遵从度低的一般纳税人,主管税务机关可以实行纳税辅导期管理,具体办法由国家税务总局另行制定。

第十二条 本办法自2018年2月1日起施行,《增值税一般纳税人资格认定管理办法》(国家税务总局令第22号公布)同时废止。[①]

(二)对其政策解读

1. 相关背景

《增值税一般纳税人登记管理办法》(国家税务总局令第43号,以下简称《办法》)已于近期发布,为明确相关执行口径,国家税务总局制发《关于增值税一般纳税人登记管理若干事项的公告》(以下简称《公告》)。

---

① 总局令第43号(增值税一般纳税人登记管理办法)[EB/OL]. http://wemedia.if-eng.com/43816603/wemedia.shtml.

2.《公告》的主要内容

(1)明确了《办法》中"经营期""纳税申报销售额""稽查查补销售额""纳税评估调整销售额""其他个人""固定生产经营场所""税务登记证件"的执行口径。

(2)明确了《办法》中主管税务机关制作的《税务事项通知书》中,需告知纳税人的有关内容。

(3)明确了纳税人兼有销售货物、提供加工修理修配劳务(以下称"应税货物及劳务")和销售服务、无形资产、不动产(以下称"应税行为")的,应税货物及劳务销售额与应税行为销售额分别计算,分别适用增值税一般纳税人登记标准,其中有一项销售额超过规定标准,就应当按照规定办理增值税一般纳税人登记相关手续。

(4)明确了经税务机关核对后退还纳税人留存的"增值税一般纳税人登记表",可以作为纳税人成为增值税一般纳税人的凭据。

第二节 营改增后的税务征收政策解读

多年来,我国普遍实行的是双税种并行的税制。但从2012年起,我国政府开始全面推行营业税改征增值税的税制改革。营改增后的税务征收出现了很多变化,内容涉及广泛,由于篇幅限制的原因,本节仅对《营业税改征增值税试点实施办法》中的关于税务征收政策的部分条款进行解读。

一、征税范围的变化

(一)《营业税改征增值税试点实施办法》第九条解读

1.具体条款

第九条 应税行为的具体范围,按照本办法所附的《销售服务、无形资产、不动产注释》执行。①

2.条款解读

本条款的对象是服务、无形资产或者不动产销售活动,也就是关于这些销售行为的应税具体范围规定,《销售服务、无形资产或者不动产注释》和原试点实施办法《应税服务范围注释》之间的主要区别有以下几点。

第一,《销售服务、无形资产或者不动产注释》将建筑业、房地产业、金融服务业、生活服务业纳入营改增试点,相对于之前的试点办法,主要新增了建筑服务、商务辅助服务、金融服务、生活服务、专业技术服务、信息系统增值服务以及销售不动产等税目。

第二,对之前已经纳入营改增范围的应税行为所适用税目进行了一定调整。例如,除本试点办法新增的不动产标的物外,将融资性售后回租服务调整至"金融服务"中的"贷款服务"税目;将货物运输代理服务从之前的"物流辅助服务"税目调整为"商务辅助服务"中的"经纪代理服务"税目;将原办法中"货运客运场站服务"的"车辆停放服务"调整至"不动产经营租赁服务"等。

第三,对之前在营业税税目范围内并没有做出明确规定或理解执行上存在一定争议的部分经济行为,纳入了全新的营改增试点办法进行规定。例如,"其他权益性无形资产"中的"肖像权""域名"等。

(二)《营业税改征增值税试点实施办法》第十条解读

1.具体条款

第十条 销售服务、无形资产或者不动产,是指有偿提供服务、有偿转让无形资产或者不动产,但属于下列非经营活动的情形除外。

---

① 逐条解读:《营业税改征增值税试点实施办法》(上)[EB/OL]. http://www.chinaacc.com/shuishou/zcjd/zh1603319923.shtml.

(一)行政单位收取的同时满足以下条件的政府性基金或者行政事业性收费。

1. 由国务院或者财政部批准设立的政府性基金,由国务院或者省级人民政府及其财政、价格主管部门批准设立的行政事业性收费;

2. 收取时开具省级以上(含省级)财政部门监(印)制的财政票据;

3. 所收款项全额上缴财政。

(二)单位或者个体工商户聘用的员工为本单位或者雇主提供取得工资的服务。

(三)单位或者个体工商户为聘用的员工提供服务。

(四)财政部和国家税务总局规定的其他情形。①

2. 条款解读

(1)关于行政单位收取的政府性基金或者行政事业性收费条款

此条款规定了行政单位收费不需要缴纳增值税的情形。收费主体与之前试点实施办法的规定发生变化,从"非企业性单位"转变为"行政单位"。关于不征收增值税需要满足的条件,只有主体由非企业性单位调整为行政单位,其他并未调整。

(2)关于单位或者个体工商户聘用的员工为本单位或者雇主提供取得工资的服务条款

员工为聘用单位或雇主提供相应的服务虽然本质上是一种有偿行为,但这种服务行为并不需要缴纳增值税,也就是说,自我服务不在增值税的征收范围内。在满足该条款要求的同时,还必须满足以下三个条件。

第一,必须保证员工提供服务的对象是聘用其的单位或雇主。本条件明确的是员工身份,也就是要按照规定准确划分员工

---

① 逐条解读:《营业税改征增值税试点实施办法》(上)[EB/OL]. http://www.chinaacc.com/shuishou/zcjd/zh1603319923.shtml.

和非员工。《中华人民共和国劳动合同法》第十条规定,应该通过订立书面劳动合同明确劳动关系的建立。若已经建立劳动关系,却并没有同时签订书面劳动合同的,应该在劳动者工作之日起的一个月内签订书面劳动合同。还没有建立工作关系已经订立劳动合同的,用人单位与劳动者的劳动关系自用工之日起正式建立。由此可见,签订劳动合同是确定员工身份的主要依据。

第二,仅限于应税服务,这是指必须保证员工向聘用其的单位或雇主提供的是销售无形资产、不动产的应税服务。自然人和单位或者个体工商户之间并不存在雇佣关系,二者之间的经济行为不在增值税免征范围内。

第三,提供的应税服务不征收增值税限定为提供的职务性服务,这是指员工提供服务会获取相应的薪资。即使是单位或个体工商户的员工提供的服务也不一定不征税,需要判断服务的性质才可以确定是否征税。只有员工为本单位或雇主提供的职务性服务才在免征增值税的范围内,也就是可以获得薪资的服务。员工向单位或雇主提供的与其职务无关的服务需要按相关规定征收增值税。

(3)关于单位或者个体工商户为聘用的员工提供服务条款

单位或者个体工商户为其员工提供的应税服务不需要缴纳增值税,如为员工提供班车接送服务、餐饮服务等,无论是否向员工收费都不征收增值税。

(4)关于财政部和国家税务总局规定的其他情形条款

除了以上情形外,财政部和国家税务总局还明确了其他五条不征收增值税项目,在《营改增试点有关事项的通知》中进行了规定。

第一,按照国家指令为全社会无偿提供的铁路运输服务、航空运输服务,属于《试点实施办法》第十三条规定的用于公益事业的服务。第二,存款利息。第三,被保险人按照合同规定获得的保险理赔。第四,房地产主管部门或者其指定机构、公积金管理中心、开发企业以及物业管理单位代收的住房专项维修基金。第五,单位在其资产重组时,通过合并、分立、出售等方式对自身的实物资产及与之联系的债权、负债和劳动力,全部或部分地转让给其他单位和个人,在这个过程中涉及的不动产、土地使用权转让行为。

(三)《营业税改征增值税试点实施办法》第十一条解读

1. 具体条款

第十一条 有偿,是指取得货币、货物或者其他经济利益。

2. 条款解读

判断某种应税行为是否成立的一项重要依据就是都"有偿",只有明确应税行为是有偿行为,征收增值税才可成立。进行判断时需要注意以下几点。

第一,"有偿"是判断是否缴纳增值税的必要条件,"有偿"是判定应税行为的标准之一。

第二,"有偿"并不适用于视同销售服务、无形资产或者不动产的规定。

第三,"有偿"并不意味着等价,也就是并不要求销售行为的付出与收获满足完全经济意义上的等价。但如果税务机关发现某销售行为的价格明显偏低或偏高且没有合理的商业目的支撑,则可以按照《营业税改征增值税试点实施办法》第四十四条规定确定销售额。

因此,财税〔2002〕191号文件中"以无形资产、不动产投资入股,参与接受投资方利润分配、共同承担投资风险的行为,不征收营业税"的规定,在进行营改增后便不再执行。

(四)《营业税改征增值税试点实施办法》第十二条解读

1. 具体条款

第十二条 在境内销售服务、无形资产或者不动产,是指:

（一）服务（租赁不动产除外）或者无形资产（自然资源使用权除外）的销售方或者购买方在境内；

（二）所销售或者租赁的不动产在境内；

（三）所销售自然资源使用权的自然资源在境内；

（四）财政部和国家税务总局规定的其他情形。①

2.条款解读

本条款具体规定了"在境内销售服务、无形资产或者不动产"，明确规定我国对以上描述的应税行为所具有的增值税征收管辖权。具体处理方式如下。

(1)关于以上条款第一项的处理方式

相较于增值税条例及细则，应征增值税的加工、修理、修配劳务只包括发生在中国境内的部分，对销售服务或者无形资产行为的属性判断遵循属人与收入来源地相结合的原则。

第一，"服务（租赁不动产除外）或者无形资产（自然资源使用权除外）的销售方在境内"，是指境内单位或者个人销售服务或者无形资产的，无论该销售行为是否在我国境内发生，都属于境内行为，也就是遵循属人原则。

其中，一般情况下，境内单位或者个人进行跨境服务或者无形资产的跨境销售行为的，会按照零税率或免税的方式进行处理，这是因为我国鼓励纳税人"走出去"，以此进一步提升我国的国际竞争力。关于这部分内容在《跨境应税行为适用增值税零税率和免税政策的规定》等文件中有具体规定。新政策与之前的政策相比，有以下主要变化，如表 2-1 所示。

---

① 逐条解读:《营业税改征增值税试点实施办法》（上）[EB/OL]. http://www.chinaacc.com/shuishou/zcjd/zh1603319923.shtml.

表 2-1　境内单位或者个人跨境应税行为与原政策的变化

序号	范围	变化
1	适用增值税零税率的应税行为：软件服务、研发服务、合同能源管理服务、信息系统服务、设计服务、广播影视节目（作品）的制作和发行服务、电路设计及测试服务、业务流程管理服务、离岸服务外包业务、转让技术	在新的实施办法中添加了"提供的完全在境外消费"的前提条件。对某些应税行为进行了一定具体内容方面的调整
2	适用于跨境销售免征增值税的范围	新的实施办法中增加了"工程项目在境外的建筑服务""在境外提供的文化体育服务、教育医疗服务、旅游服务""工程项目在境外的工程监理服务""为出口货物提供的保险服务""以无运输工具承运方式提供的国际运输服务"等项目
3	适用于免征增值税的应税行为：电信服务、知识产权服务、物流辅助服务、鉴证咨询服务、广告投放地在境外的广告服务	在新的实施办法中增加了"完全在境外消费"的前提条件。同时对某些应税行为进行了一定具体内容方面的调整
4	运输工具承运方式	新实施办法中增加了无运输工具承运方式提供国际运输服务适用零税率或免税政策相关主体规定。对境内单位和个人以无运输工具承运方式提供的国际运输服务，由境内实际承运人适用增值税零税率；无运输工具承运业务的经营者适用增值税免税政策

第二，"完全在境外消费"是指销售行为服务的实际接受方在中国境外，并且实际接受方与境内的相关货物和不动产之间并不存在联系；无形资产的使用完全发生在中国境外，并且资产的境外使用与境内的货物和不动产之间不存在任何联系；财政部和国家税务总局对于"完全境外消费"规定的其他情形。

第三，"服务（租赁不动产除外）或者无形资产（自然资源使用权除外)购买方在境内",这是指购买服务或者无形资产的单位或个人在我国境内,销售服务或者无形资产的单位或个人在我国境外,这种情形下发生的应税行为属于境内行为,也就是说这种应税行为遵循收入来源地原则。但是在第十三条中明确规定了两种不属于征税范围情形。

(2)关于以上条款第二、三项的处理方式

这两种情形分别为所销售或者租赁的不动产在我国境内,所销售自然资源使用权的自然资源在我国境内。

该条款并没有改变之前条款中规定的内容,按照不动产、自然资源使用权的自然资源所在地判断应税行为的地域属性,若不动产所在地、自然资源使用权的自然资源不在所在地境内,则不论应税行为的销售方、购买方是否是我国境内单位或个人,都需要按照规定征收增值税。

(五)《营业税改征增值税试点实施办法》第十三条解读

1. 具体条款

第十三条 下列情形不属于在境内销售服务或者无形资产:
(一)境外单位或者个人向境内单位或者个人销售完全在境外发生的服务。
(二)境外单位或者个人向境内单位或者个人销售完全在境外使用的无形资产。
(三)境外单位或者个人向境内单位或者个人出租完全在境外使用的有形动产。
(四)财政部和国家税务总局规定的其他情形。[①]

2. 条款解读

本条款是对不属于境内销售或者无形资产的情形进行规定,

[①] 逐条解读:《营业税改征增值税试点实施办法》(上)[EB/OL]. http://www.chinaacc.com/shuishou/zcjd/zh1603319923.shtml.

这类销售行为不征收增值税。新的实施办法中与之前相比有一些不同,主要有以下几点。

第一,对于已经明确服务的销售为境外单位或者个人,接收方为境内单位或者个人的情形,原有的判断标准为是否"完全在境外消费",在新实施办法中调整为是否"完全在境外发生",也就是指服务销售行为从开始直至结束的整个过程都发生在境外。

第二,新实施办法中新增了"境外单位或者个人向境内单位或者个人销售完全在境外使用的无形资产"条款,判断标准为出租有形动产的行为是否从开始至结束整个过程都在境外发生。

第三,新实施办法中新增了"财政部和国家税务总局规定的其他情形"条款。但目前该条款还未作具体规定。

(六)《营业税改征增值税试点实施办法》第十四条解读

1. 具体条款

第十四条　下列情形视同销售服务、无形资产或者不动产:
(一)单位或者个体工商户向其他单位或者个人无偿提供服务,但用于公益事业或者以社会公众为对象的除外。
(二)单位或者个人向其他单位或者个人无偿转让无形资产或者不动产,但用于公益事业或者以社会公众为对象的除外。[①]
(三)财政部和国家税务总局规定的其他情形。

2. 条款解读

本条款对视同于销售服务、无形资产或者不动产的行为进行了明确规定,除规定中提出的特殊情形外,单位或个体工商户向其他单位或者个人无偿提供服务、单位或个人向其他单位或者个人无偿转让无形资产或者不动产的,按照销售服务、无形资产或者不动产的行为判断,需要按照相关规定征收增值税。理解本条

---

① 逐条解读:《营业税改征增值税试点实施办法》(上)[EB/OL]. http://www.chinaacc.com/shuishou/zcjd/zh1603319923.shtml.

款应该把握以下几点内容。

第一,为了体现税收制度在设计层面的完整性以及有效地堵塞增值税征管的漏洞,新实施办法将无偿发生应税行为纳入征税范围内,从而体现了税收制度公平性。

第二,从主体条件的角度来看,原规定中的"视同提供服务"的规定只适用单位和个体工商户,新实施办法补充了"其他个人",即"视同转让无形资产或者不动产"的规定同时适应于单位和个人。

第三,该条款中提到的"其他单位"是指除本单位以外的其他单位,这点需要加以注意。

第四,新规定中将用于公益事业的行为以及对象为社会公众的行为排除征税范围外,鼓励单位和个人从事公益事业,有利于促进社会公益事业的进一步发展。

二、税收减免处理的变化

(一)《营业税改征增值税试点实施办法》第四十八条解读

1. 具体条款

第四十八条　纳税人发生应税行为适用免税、减税规定的,可以放弃免税、减税,依照本办法的规定缴纳增值税。放弃免税、减税后,36个月内不得再申请免税、减税。

纳税人发生应税行为同时适用免税和零税率规定的,纳税人可以选择适用免税或者零税率。

2. 条款解读

本条是对税收减免处理的规定。现行的增值税税收优惠主要包括:直接免税、减征税款、即征即退(税务机关负责退税)、先征后返(财政部门负责退税)等形式。销售服务、无形资产或者不动产由营业税改征增值税后,为实现试点纳税人原享受的营业税优惠政策平稳过渡,《营业税改征增值税试点过渡政策的规定》明确了在试点期间试点纳税人可以享受的有关增值税优惠政策。

试点纳税人发生应税行为适用免税、减税规定的,可以放弃免税、减税,依照本办法的规定缴纳增值税。放弃免税、减税后,36 个月内不得再申请免税、减税。①

(二)《营业税改征增值税试点实施办法》第四十九条解读

1. 具体条款

第四十九条　个人发生应税行为的销售额未达到增值税起征点的,免征增值税;达到起征点的,全额计算缴纳增值税。

增值税起征点不适用于登记为一般纳税人的个体工商户。

2. 条款解读

(1)适用范围

增值税起征点仅适用于个体工商户小规模纳税人纳税的和其他个人。

(2)销售额的确定

增值税起征点所称的销售额不包括其应纳税额,即不含税销售额。

(3)达到增值税起征点的征税规定

纳税人达到增值税起征点的,应全额计算缴纳增值税,不应仅就超过增值税起征点的部分计算缴纳增值税。②

---

① 逐条解读:《营业税改征增值税试点实施办法》(下)[EB/OL]. http://www.chinaacc.com/shuishou/zcjd/zh1603318527.shtml.

② 逐条解读:《营业税改征增值税试点实施办法》(下)[EB/OL]. http://www.chinaacc.com/shuishou/zcjd/zh1603318527.shtml.

(三)《营业税改征增值税试点实施办法》第五十条解读

1. 具体条款

第五十条 增值税起征点幅度如下:
(一)按期纳税的,为月销售额 5 000～20 000 元(含本数)。
(二)按次纳税的,为每次(日)销售额 300～500 元(含本数)。

起征点的调整由财政部和国家税务总局规定。省、自治区、直辖市财政厅(局)和国家税务局应当在规定的幅度内,根据实际情况确定本地区适用的起征点,并报财政部和国家税务总局备案。

对增值税小规模纳税人中月销售额未达到 2 万元的企业或非企业性单位,免征增值税。2017 年 12 月 31 日前,对月销售额 2 万元(含本数)至 3 万元的增值税小规模纳税人,免征增值税。

2. 条款解读

本条第一款是关于增值税起征点幅度规定。
适用的增值税起征点如下:
一、销售货物的,为月应税销售额 20 000 元;
二、销售应税劳务的,为月应税销售额 20 000 元;
三、提供应税服务的,为月应税销售额 20 000 元;
四、按次纳税的,为每次(日)销售额 500 元。

另外,本条第三款还增加了月销售额未达到 3 万元的小规模纳税人 2017 年 12 月 31 日前免征增值税的表述。[1]

---

[1] 逐条解读:《营业税改征增值税试点实施办法》(下)[EB/OL]. http://www.chinaacc.com/shuishou/zcjd/zh1603318527.shtml.

三、征收管理的变化

(一)《营业税改征增值税试点实施办法》第五十一条解读

1. 具体条款

第五十一条 营业税改征的增值税,由国家税务局负责征收。纳税人销售取得的不动产和其他个人出租不动产的增值税,国家税务局暂委托地方税务局代为征收。

2. 条款解读

纳税人销售服务、无形资产或者不动产由营业税改征增值税之前属于征收营业税的范围,由地方税务局负责征收。《试点实施办法》明确:销售服务、无形资产或者不动产由营业税改征的增值税,由国家税务局负责征收。即纳税人销售服务、无形资产或者不动产不再向主管地方税务局申报缴纳营业税,应向主管国家税务局申报缴纳增值税;对于纳税人销售不动产和其他个人出租不动产的增值税,暂委托地方税务局代为征收。①

(二)《营业税改征增值税试点实施办法》第五十二条解读

1. 具体条款

第五十二条 纳税人发生适用零税率的应税行为,应当按期向主管税务机关申报办理退(免)税,具体办法由财政部和国家税务总局制定。

---

① 逐条解读:《营业税改征增值税试点实施办法》(下)[EB/OL]. http://www.chinaacc.com/shuishou/zcjd/zh1603318527.shtml.

2. 条款解读

本条是对试点纳税人发生适用零税率应税行为的规定。在满足《试点实施办法》规定的纳税义务发生时间有关规定以及国家对应税行为出口设定的有关条件后,免征其出口应税行为的增值税,对实际承担的增值税进项税额,抵减应纳税额,未抵减完的部分予以退还。退免税具体操作按照国家税务总局有关规定执行。[①]

(三)《营业税改征增值税试点实施办法》第五十三条解读

1. 具体条款

第五十三条　纳税人发生应税行为,应当向索取增值税专用发票的购买方开具增值税专用发票,并在增值税专用发票上分别注明销售额和销项税额。

属于下列情形之一的,不得开具增值税专用发票:

(一)向消费者个人销售服务、无形资产或者不动产。

(二)适用免征增值税规定的应税行为。

2. 条款解读

本条明确了纳税人销售服务、无形资产或者不动产开具增值税专用发票的相关规定。

增值税专用发票,是购买方支付增值税额并可按照增值税有关规定据以抵扣进项税额的凭证,纳税人发生应税行为,应当向索取增值税专用发票的购买方开具增值税专用发票,并在增值税专用发票上分别注明销售额和销项税额。但是,有如下两种情况之一的,纳税人不得开具增值税专用发票:

---

① 逐条解读:《营业税改征增值税试点实施办法》(下)[EB/OL]. http://www.chinaacc.com/shuishou/zcjd/zh1603318527.shtml.

(1)向消费者个人销售服务、无形资产或者不动产

消费者个人是应税行为的最终消费者,也是增值税税款的最终负担者,无须取得增值税专用发票据以抵扣进项税额。因此,纳税人向消费者个人销售服务、无形资产或者不动产不得开具增值税专用发票,只能开具增值税普通发票。

(2)适用免征增值税规定的应税行为

纳税人销售服务、无形资产或者不动产适用免征增值税规定的,在该环节不缴纳增值税,不存在将本环节已缴纳增值税税款传递给下一环节纳税人抵扣的问题。因此,纳税人销售服务、无形资产或者不动产适用免征增值税规定的,也不得开具增值税专用发票,只能开具增值税普通发票。①

(四)《营业税改征增值税试点实施办法》第五十四条解读

1. 具体条款

第五十四条 小规模纳税人发生应税行为,购买方索取增值税专用发票的,可以向主管税务机关申请代开。

2. 条款解读

由于增值税小规模纳税人不能自行开具增值税专用发票,其销售服务、无形资产或者不动产,如果购买方索取增值税专用发票的,可以向主管税务机关申请代开增值税专用发票。但是,对小规模纳税人向消费者个人销售服务、无形资产或者不动产以及应税行为适用免征增值税规定的,不得申请代开增值税专用发票。②

---

① 逐条解读:《营业税改征增值税试点实施办法》(下)[EB/OL]. http://www.chinaacc.com/shuishou/zcjd/zh1603318527.shtml.

② 逐条解读:《营业税改征增值税试点实施办法》(下)[EB/OL]. http://www.chinaacc.com/shuishou/zcjd/zh1603318527.shtml.

(五)《营业税改征增值税试点实施办法》第五十五条解读

1. 具体条款

第五十五条　纳税人增值税的征收管理,按照本办法和《中华人民共和国税收征收管理法》及现行增值税征收管理有关规定执行。

2. 条款解读

本条款规定了对试点纳税人进行增值税征收管理的管理办法,即应该按照《营业税改征增值税试点实施办法》和《中华人民共和国税收征收管理法》及现行增值税征收管理中的相关规定进行增值税的征税管理。现行增值税征收管理有关规定,不只是指与实施办法相关配套的一系列增值税规定,同时还有在新实施办法颁布之前已经实施的并仍然有效的相关增值税规定。

第三节　营改增后具体行业的税务征收制度

针对不同行业,营改增制定了与之相应的不同税收制度。大部分行业税收制度是对之前的相关政策制度的梳理、整合和延续,但其中也存在一些区别。针对不同行业的税收制度十分多样,本节就其中比较典型的一些政策制度进行了分析。

一、征管制度

(一)建设费计算

1. 适用范围

在中国境内提供广告服务的广告媒介单位和户外广告经

单位,应该按照《财政部、国家税务总局关于营业税改征增值税试点有关文化事业建设费政策及征收管理问题的通知》的相关规定向主管部门缴纳文化事业建设费。

广告服务是指《销售服务、无形资产或者不动产注释》中规定的广告服务;广告媒介单位和户外广告经营单位,是指通过发布、播映、宣传、展示等方式传播户外广告和其他广告的单位,以及业务包含广告代理服务的经营单位。

2. 纳税人

若中国境外的广告媒介单位和户外广告经营单位在中国境内提供相应的广告服务,且并没有在境内开设经营机构的,则以接受相应广告服务的境内接受方作为文化事业建设费的扣缴义务人。

3. 计算方法

需要向主管部门缴纳文化事业建设费的单位,即缴纳义务人应该按照提供广告服务取得的计费销售额作为基础计算其应该缴纳的文化事业建设费,具体计算公式如下。

应缴费额=计费销售额×3%

计费销售额,是指缴纳义务人通过提供广告服务获得的全部含税价款和价外费用,减去支付给其他广告公司或广告发布者的含税广告发布费,所得到的余额。

缴纳义务人凭借增值税专用发票或国家税务总局规定的除此以外的其他合法有效凭证,才可以按规定减除价款,否则按规定全款缴纳。

4. 计算公式

按照相关规定需要扣缴文化事业建设费的扣缴义务人,应该按照下面的公式进行应扣缴费额的计算。

应扣缴费额=支付的广告服务含税价款×费率

(二)征管规定

1.缴纳时间及地点

纳税人缴纳文化事业建设费需要明确缴纳的时间及地点,按照规定,该缴纳义务发生时间和缴纳地点与缴纳增值税纳税的时间和地点相同。

也就是说,扣缴文化事业建设费的时间就是缴纳人缴纳增值税的时间;文化事业建设费的缴纳地点为机构所在地或义务人居住地的主管税务机关。

2.缴纳期限及征收主体

文化事业建设费与增值税的纳税期限一致。文化事业建设费扣缴义务人应该严格遵守相关时间期限规定到税务主管部门缴纳税款。营改增后,由国家税务局为文化事业建设费的征收主管机关主体。

3.免征优惠

规定中明确了免征文化事业建设费的情形。增值税小规模纳税人如果月销售额不超过 2 万元,按季度计算不超过 6 万元的企业和非企业性单位提供的应税服务,不征收文化事业建设费。

另外还特别规定,从 2015 年 1 月 1 日起至 2017 年 12 月 31 日,纳税义务人如果按月计算的月销售额不超过 3 万元,以及按季计算的季度销售额不超过 9 万元的,则不向其征收文化事业建设费。

(三)预算制度与缴库办法

关于文化事业建设费的预算制度和缴库办法,应该按照《财政部、关于开征文化事业建设费有关预算管理问题的通知》中的相关规定实施,具体的方式如下所示。

中央所属企业事业单位；中央所属企业事业单位组成的联营企业、股份制企业；中央所属企业事业单位与集体企业、私营企业，与港、澳、台商组成的合资经营企业、合作经营企业，与外商组成的中外合资经营企业、中外合作经营企业，以上这些单位和企业需要缴纳的文化事业建设费应该全部作为中央预算收入，主管税务机关为其开具有效的税收缴款书，作为"1030217 文化事业建设费收入"项级科目就地缴纳税费并直接纳入中央国库。

地方所属企事业单位、集体企业、私营企业、港澳台商独资经营企业、外商独资企业；地方所属企事业单位、集体企业、私营企业组成的联营企业、股份制企业；地方所属企事业单位、集体企业、私营企业与港、澳、台商组成的合资经营企业、合作经营企业，与外商组成的中外合资经营企业、中外合作经营企业，这些单位和企业应该缴纳的文化事业建设费应该全部作为地方预算收入，税务机关为这些企业开具有效的税收缴款书，这些税费作为"1030217 文化事业建设费收入"项级科目，按照各个地方的实际规定就地缴纳，纳入该地方国库。

中央所属企事业单位与地方所属企事业单位组成的联营企业、股份制企业，中央所属企事业单位与地方所属企事业单位联合与集体企业、私营企业、港澳台商、外商组成的联营企业、股份制企业、合资经营企业、合作经营企业、中外合资经营企业、中外合作经营企业，这些企业按照规定缴纳的文化事业建设费，应该按照中央、地方的投资占比规定预算收入占比，按照比例分别归入中央预算收入和地方预算收入，税务机关应该为这些企业开具有效的税收缴款书，按照规定这部分文化事业建设费就地缴入中央国库和地方国库。

按照国家规定，纳税人缴纳的文化事业建设费会纳入财政预算管理，这部分税费用于开展文化事业方面的建设工作。

(四)政策及征收管理补充规定

在我国境内提供娱乐服务的单位和个人，应该按照《财政部、国家税务总局关于营业税改征增值税试点有关文化事业建设费政策及征收管理问题的补充通知》以及《财政部、国家税务总局关于营业税改征增值税试点有关文化事业建设费政策及征收管理问题的通知》中的相关规定向税务机关缴纳文化事业建设费。

对于这类应税行为带来的应缴费额,应该将缴纳义务人提供娱乐服务所获得的全部计费销售额作为基础进行计算,具体计算公式如下所示。

娱乐服务应缴费额＝娱乐服务计费销售额×3％

这里提到的娱乐服务计费销售额,是指纳税义务人在其提供娱乐服务的过程中获得的全部含税价款以及价外费用的总额。如果纳税义务人提供娱乐服务获得的计费销售额没有达到增值税起征点,则不向其征收文化事业建设费。

这里提到的娱乐服务,是指《销售服务、无形资产或者不动产注释》中规定的娱乐服务。

二、金融业营改增税收优惠政策

(一)利息收入免税政策

1. 金融机构农户小额贷款

小额贷款,是指单笔且贷款余额总额在10万元以下的贷款。农户,是指长期(一年以上)居住在乡镇行政管理区域内的住户,以及长期(一年以上)居住在城关镇所辖行政村范围内的住户和户口不在该地但本身在该地长期(一年以上)居住的住户,以及国有农场聘用的职工和从事相关经营活动的农村个体工商户。居住在乡镇行政管理区内、居住在城关镇所辖行政村范围内的国有经济的机关、团体、学校、企事业单位的集体户;本人持有本地户口,但全体家庭成员长期(一年以上)在该地以外地区谋生的住户,无论其是否还保留承包耕地都不再属于农户。农户的统计单位为户,农户可以从事农业或非农业生产经营活动。只有在贷款发放时,承贷主体为农户的,才可以进行农户贷款。

《财政部、国家税务总局关于延续并完善支持农村金融发展有关税收政策的通知》中对此有相关规定:自2014年1月1日至2016年12月31日。对金融机构农户小额贷款的利息收入,不征收相应营业税。营改增后继续沿用此规定,其中对于农户的定义以及小额贷款的定义没有更改,农户依旧以户为统计单位,可以按照自身意愿从事农业生产经营活动或非农业生产经营活动。农户贷款的判定应以贷款发放时的承贷主体是否属于农户为准。

2. 国家助学贷款

营改增后,在国家助学贷款方面依旧延续了《中国人民银行、财政部、教育部、国家税务总局关于进一步推进国家助学贷款业务发展的通知》中的相关规定,即经过国务院批准,国家助学贷款的利息收入免征营业税。

3. 国债、地方政府债

《中华人民共和国国库券条例》第十二条规定,国库券利息收入免征增值税。营改增后依然延续执行本条规定,对国债利息不征收增值税。地方政府债实际上其性质和意义与国债相同,因此对于地方政府债利息收入也不再征收增值税。

4. 人民银行对金融机构的贷款

《国家税务总局关于人民银行贷款业务不征收营业税的具体范围的通知》中规定,对人民银行提供的贷款服务实行免税待遇。人民银行的贷款业务,是指人民银行针对金融机构提供的贷款服务,因此,人民银行向企业提供的贷款业务以及委托金融机构贷款的业务不享受免征营业税的待遇。营改增后依旧实行该规定。

《中国人民银行法》第二十三条规定,中国人民银行为了保证货币政策的顺利执行,可以向商业银行提供贷款。

《中国人民银行法》第二十八条规定,中国人民银行按照贯彻履行货币政策的实际需要,可以决定其对商业银行贷款的具体数额、期限、利率和方式,但贷款期限不可以超过一年。

中国人民银行执行货币政策的目标在于维护货币币值的稳定,如果直接向政府提供贷款,政府除财政收入外并没有其他收入来源,不可以通过提高税收的方式归还银行提供的贷款,只可以行使其政府权力要求银行通过超发货币的方式进行贷款对冲,而这将引起货币贬值,形成通货膨胀的现象。因此,为了保证我国货币币值保持稳定状态,《中国人民银行法》规定,中国人民银行不可以直接向政府、政府部门发放资金贷款。《中国人民银行法》第三十条规定,中国人民银行不可以向地方政府、各级政府部门提供贷款,不得向非银行金融机构以及其他单位和个人提供贷款,但国务院决定中国人民银行可以向特定的非银行金融机构提供贷款的除外。同时,中国人民银行不得向任何单位和个人提供担保。

5. 个人住房贷款

并不是所有个人住房贷款都免征税款。《财政部、国家税务总局关于住房公积金管理中心有关税收政策的通知》中规定,自2000年9月1日起,对住房公积金管理中心用住房公积金在指定的委托银行发放个人住房贷款取得的收入,不征收营业税。营改增后继续沿用该规定,对这类贷款收入免征增值税。

6. 外汇贷款

这里所说的外汇贷款是指,外汇管理部门在开展国家外汇储备的经营相关工作时,按照实际需要委托金融机构发放的外汇贷款。《财政部、国家税务总局关于对外汇管理部门委托贷款利息收入免征营业税的通知》中规定,自2000年7月1日起,外汇管理部门在开展国家外汇储备的经营工作时,其因为委托金融机构发放外汇贷款而产生的利息收入,不征收营业税。营改增后沿用该规定,也就是对于这部分利息收入不征收增值税。

7. 统借统还业务

统借统还业务中,企业集团或企业集团中的核心企业以及集团所属财务公司,向企业集团或者集团内下属单位,收取不高于支付给金融机构的借款利率水平或者支付的债券票面利率水平的利息。

如果统借方向资金使用单位,收取高于支付给金融机构借款利率水平或者支付的债券票面利率水平的利息,则应该对其全额按规定缴纳增值税。统借统还业务包括以下业务。

第一,企业集团或者企业集团中的核心企业,在通过向金融机构申请借款或通过对外界发行债券的方式获得资金后,将其获得的资金分别拨放给下属单位,并向收取资金的下属单位收取用于归还金融机构或债券购买方本息的业务。

第二,企业集团通过向金融机构申请借款的方式或通过对外发行债券的方式获得资金后,企业集团或者集团内下属单位与集团所属财务公司签订统借统还贷款合同,并按照合同规定分拨该笔资金,财务公司向企业集团或者集团内下属单位收取本息,再将该本息转付于企业集团,由企业集团将本息统一归还金融机构或债券购买方的业务。

在营改增之前,针对统借统还业务的营业税征收就有相关规定,营改增对相关规定进行了梳理和延续。关于统借统还业务营业税征收的原有规定有以下几项。

第一,《财政部、国家税务总局关于非金融机构统借统还业务征收营业税问题的通知》中规定,为了使中小企业更便捷地获取融资服务,对企业主管部门或企业集团中的核心企业等单位通过向金融机构借款的方式获得资金,将该笔资金分别拨放到集团下属单位,并按支付给提供借款的金融机构的借款利率水平向下属单位收取用于归还金融机构的利息,采取免征营业税的政策。其中需要注意的是,统借方向下属单位收取利息时,不可以高于支付给金融机构的借款利率水平,否则该行为将被视作贷款业务,也就不再属于免征营业税范围,将对利息全额征收营业税。

第二,《国家税务总局关于贷款业务征收营业税问题的通知》中规定,企业集团所属财务公司与企业集团或集团内的核心企业签订合同,代理其开展统借统还贷款业务,并向企业集团或集团内的核心企业收取用于归还金融机构贷款的利息免征营业税。

第三,《国家税务总局关于明确若干营业税问题的公告》中规定,企业集团或企业集团中的核心企业通过向外界发行债券的方式获得资金后,直接或委托企业集团所属财务公司进行统借统还业务时,企业集团或财务公司按照不高于债券票面利率水平的形式,向企业集团或集团内下属单位收取用于归还债券购买方本息的利息,按照相关规定不征收营业税。

(二)同业往来利息收入免税政策

第一,中国人民银行和金融机构之间发生的资金往来业务。这是指中国人民银行向一般金融机构提供的贷款服务,中国人民银行向一般商业银行提供的再贴现服务等资金往来业务。

第二,银行联行往来业务。这是指在同一银行系统内的,不同行、不同处之间发生的资金账务往来业务。

第三,不同金融机构之间开展的资金往来业务。这是指通过中国人民银行的批准进入了全国银行间同业拆借市场的金融机构,彼此之间开展的资金往来业务,这里的资金往来业务是指机构间通过全国统一的同业拆借网络开展的短期无担保资金融通业务。

第四,不同金融机构之间开展的转贴现业务。转贴现是指商业银行出现资金临时不足的情况时,将已经贴现却仍未到期的票据交由其他商业银行或金融机构进行贴现,并以此获得资金实现融通的业务。

这里所说的金融机构是指,人民银行、商业银行、政策性银行;信用合作社;证券公司;保险公司;证券基金管理公司、财务公司、金融租赁公司、信托投资公司、证券投资基金；其他经过人民银行、中国银行保险监督管理委员会批准成立且经营金融保险业务的机构等。

并不是所有金融机构的往来业务利息收入均属于以上所指的往来利息收入，而是仅指以下这些业务取得的利息收入。

第一，质押式买入返售金融商品。这是指交易双方将金融商品作为权利质押，开展的一种短期的资金融通业务。

第二，持有政策性金融债券。政策性金融债券，是指由开发性金融机构或政策性金融机构对外发放的债券。

营改增对于金融同业往来利息收入的免税政策，实际上是对原相关营业税免征政策的延续。包括《财政部、国家税务总局关于转发〈国务院关于调整金融保险业税收政策有关问题的通知〉的通知》《财政部、国家税务总局关于金融业征收营业税有关问题的通知》《财政部、国家税务总局关于金融业若干征税问题的通知》《国家税务总局关于印发〈金融保险业营业税申报管理办法〉的通知》中的相关规定。下面对这些具体营业税免征政策进行说明。

第一，《财政部、国家税务总局关于转发〈国务院关于调整金融保险业税收政策有关问题的通知〉的通知》中明确规定，合法金融机构因开展再贴现、转贴现业务而获得的收入，属于金融机构往来收入，该部分往来收入免征营业税。

第二，《财政部、国家税务总局关于金融业征收营业税有关问题的通知》中明确规定，对金融机构从事往来业务的所得收入，暂时不征收营业税。这里所说的金融机构往来，是指金融企业联行、金融企业与人民银行、金融企业同业之间进行的各种资金往来业务。

第三，《财政部、国家税务总局关于金融业若干征税问题的通知》中明确规定，金融机构从事的同业之间的相互占用、拆借资金的业务，属于暂不征收营业税的往来业务，金融机构之间提供的代结算、代发行金融债券等相互之间提供的服务并不在免征范围内。金融机构之间提供服务获得的收入,需要按照相关规定征收营业税。

第四,《国家税务总局关于印发〈金融保险业营业税申报管理办法〉的通知》中明确规定,对金融机构往来的利息收入不征收营业税。这里提到的金融机构往来利息收入,是指各金融机构之间通过提供相互占用、拆借资金的义务获得的利息收入。

相较原营业税政策,营改增后对不征收增值税的金融机构间的资金往来业务进行了规定。经过人民银行批准后进入全国银行间同业拆借市场的金融机构,这些机构通过全国统一的同业拆借网络开展短期无担保资金融通行为,其中短期是指一年(含)以下。

(三)金融企业利息收入暂不缴纳增值税政策

金融企业发放贷款后,从结息日开始计算的 90 日内发生的应收未收利息,纳税人按照当时的现行规定缴纳增值税;从结息日开始计算的 90 日后发生的应收未收利息,暂时不需要缴纳增值税,在之后实际收到利息时纳税人按照相关规定缴纳增值税。这里提到的金融企业,是指银行、城市信用社、农村信用社、信托投资公司、财务公司。企业发放贷款后,从结息日开始计算的 90 日内发生的应收未收利息,纳税人按照当时的现行规定缴纳增值税;从结息日开始计算的 90 日后发生的应收未收利息,暂时不需要缴纳增值税,在之后实际收到利息时纳税人按照相关规定缴纳增值税。

通过该规定,明确了金融企业应收未收贷款利息的增值税纳税义务时间。缴纳增值税一向遵循"权责发生制"原则,但金融业存在一定特殊情况,即金融业内经常会发生逾期贷款利息难以收回的情况,因此针对这一现象做出此规定,对于金融企业超过结息日 90 天的应收未收利息,按照"收付实现制"原则执行增值税的纳税行为。

三、交通运输业营改增税收优惠政策

(一)关于台湾、大陆两岸运输的优惠政策

台湾航运公司、航空公司开展海峡两岸的海上直航、空中直航业务的,其在大陆获得的运输收入免征增值税。

台湾航运公司,是指我国交通运输部为其颁发了"台湾海峡两岸间水路运输许可证",且在该许可证上显著标明该公司登记地址在台湾的航运公司。

台湾航空公司,是指由中国民用航空局为其颁发了"经营许可"的,或者符合《海峡两岸空运协议》和《海峡两岸空运补充协议》中的相关规定,被允许从事经营两岸旅客、货物和邮件不定期运输业务的,其登记地址在台湾的航空公司。

实际上,营改增的这条规定是对《财政部、国家税务总局关于将铁路运输和邮政业纳入营业税改征增值税试点的通知》附件3第一条第(八)款的相关政策规定的平移。

我国为了鼓励海峡两岸的业务开展,推动海峡两岸的海上直航业务发展,在《财政部、国家税务总局关于海峡两岸海上直航营业税和企业所得税政策的通知》中明确规定,自2008年12月15日起,从事海峡两岸海上直航业务的台湾航运公司,对其在大陆获得的运输收入,实行免征营业税政策。其中,台湾航运公司是指通过相关规定获得了"台湾海峡两岸间水路运输许可证",且其许可证上公司登记地址在台湾的航运公司。

我国为了鼓励海峡两岸的业务开展,推动海峡两岸的空中直航业务发展,在《财政部、国家税务总局关于海峡两岸空中直航营业税和企业所得税政策的通知》中明确规定,自2009年6月25日起,从事海峡两岸空中直航业务的台湾航空公司,对其在大陆开展运输业务获得的运输收入,实行免征营业税的政策。这里的台湾航空公司,是指按照法律规定获得了中国民用航空局颁发的

"经营许可",或符合《海峡两岸空运协议》和《海峡两岸空运补充协议》中的相关规定,被允许从事两岸旅客、货物和邮件不定期运输业务,且其登记地址在台湾境内的台湾航空公司。

(二)关于国际货物运输代理服务的优惠政策

营改增后规定,对纳税人提供的直接或者间接的国际货物运输代理服务,不征收增值税。

第一,纳税人在从事直接或者间接的国际货物运输代理服务业务的过程中,其向委托方收取的关于国际货物运输的代理服务费用,以及其支付给国际运输承运人的国际运输货款,都必须由金融机构对其进行统计结算。

第二,纳税人如果面向大陆与香港、澳门、台湾地区之间的货物运输活动提供相应的货物运输代理服务,需要按照关于国际货物运输代理服务的规定来具体实施。

实际上,上文对于国际货物运输代理服务的规定,是梳理、整合和平移了《财政部、国家税务总局关于将铁路运输和邮政业纳入营业税改征增值税试点的通知》《国家税务总局关于国际货物运输代理服务有关增值税问题的公告》中的相关政策。

第一,《财政部、国家税务总局关于将铁路运输和邮政业纳入营业税改征增值税试点的通知》中明确规定,对于试点纳税人由于提供国际货物运输代理服务而获得收入,不征收增值税。具体规定如下。

其一,试点纳税人提供国际货物运输代理服务的过程中,从委托方处获得的全部国际货物运输代理服务收入,以及支付于国际运输承运人的国际运输款,必须由金融机构对这部分资金进行结算。

其二,试点纳税人如果为大陆与香港、澳门、台湾地区之间的货物运输提供相应的货物运输代理服务,需要按照国际货物运输代理服务的相关规定具体实施。

其三,若委托方向试点纳税人索取发票,那么相应的纳税人需要按照国际货物运输代理服务的实际收入,全额为委托方开具合法有效的增值税普通发票。

其四,本规定于 2013 年 8 月 1 日起正式实行。对于在 2013 年 8 月 1 日至本规定发布之日期间开具的增值税专用发票,需要追回相应的专用发票后才可以使其适用于本规定。

第二,《国家税务总局关于国际货物运输代理服务有关增值税问题的公告》中明确规定,对于通过其他代理人间接为委托人办理国际运输业务的试点纳税人,可以按照《财政部、国家税务总局关于将铁路运输和邮政业纳入营业税改征增值税试点的通知》中的相关规定免征增值税,这里提到的国际运输业务是指国际运输业务、国际运输的运输工具进出港口的业务、联系相关人员对安排运输工具引航、靠泊、装卸业务等代理承办货物和船舶的相关手续业务。试点纳税人通过开展以上国际货物运输代理服务,从委托人处获取的全部代理服务费用,以及试点纳税人支付给其他代理人的全部代理费用,都需要由相关金融机构对其进行统计结算。试点纳税人如果通过委托其他代理人等间接方式为大陆与香港、澳门、台湾地区之间的货物运输提供货物运输代理服务的,按照上述规定具体执行。

(三)关于管道运输服务的优惠政策

按照新的营改增政策,对于提供管道运输服务的一般纳税人,增值税实际税负超过 3% 的部分,按照增值税即征即退政策实际执行。

增值税实际税负,是指纳税人当期实行应税行为所实际缴纳的增值税额,与当期由于实行应税行为而获得的全部价款以及价外费用的总和之间的比值,也就是前者占后者的实际比例。

该规定实际上是梳理和平移了《财政部、国家税务总局关于将铁路运输和邮政业纳入营业税改征增值税试点的通知》中的相关政策规定。梳理和平移后的政策,最主要的变化是取消了关于"2015 年 12 月 31 日前"的时间限制。

四、服务业营改增税收优惠政策

(一)关于合同能源管理服务的优惠政策

按照营改增优惠政策的规定,对于同时满足以下条件的合同能源管理服务实行免征增值税的政策。

第一,节能服务公司提供的关于合同能源管理项目的相关技术,应该切实符合国家质量监督检验检疫总局以及国家标准化管理委员会发布的《合同能源管理技术通则》中对于相关技术的相应要求。

第二,节能服务公司和用能企业之间签订的关于节能效益分享的合同,不论是合同的格式还是合同的内容,都需要严格遵循《中华人民共和国合同法》和《合同能源管理技术通则》等相关规定。

实际上,上述关于服务业营改增税收的优惠政策是平移了《财政部、国家税务总局关于将铁路运输和邮政业纳入营业税改征增值税试点的通知》中的相关政策规定。

(二)关于家政服务的优惠政策

对于家政服务企业,由其员工制家政服务员开展家政服务行为而获得的收入,免征增值税。其中,家政服务企业是指其营业执照上明确表明家政服务内容在其经营范围内的企业。员工制家政服务员,是指同时满足以下三个条件的家政服务员。

第一,按照法律相关规定与家政服务企业签订半年及半年以上的劳动合同或者服务协议,并且在实际工作岗位上就职的。

第二,家政服务企业为其按月向政府按相关规定足额缴纳了基本养老保险、基本医疗保险、工伤保险、失业保险等社会保险。

第三,家政服务企业通过金融机构向其实际支付不低于企业所在地适用的经省级人民政府批准的最低工资标准的工资。

实际上，上述规定是整理并延续了《财政部、国家税务总局关于员工制家政服务免征营业税的通知》《财政部、国家税务总局关于员工制家政服务营业税政策的通知》中有关营业税的相关政策。

《财政部、国家税务总局关于员工制家政服务免征营业税的通知》中明确规定：

第一，从2011年10月1日起直至2014年9月30日，对于家政服务企业由员工制家政服务员通过提供家政服务而获取的相关收入，实行免征营业税的政策。

第二，这里提到的家政服务企业，是指在企业营业执照中明确规定，家政服务内容在其依法经营范围内的企业。

第三，这里提到的家政服务，是指婴幼儿及小学生的看护服务、老人和病人的护理服务、孕妇和产妇的护理服务、家庭保洁服务以及家庭烹饪服务。

第四，家政服务企业按照相关法律规定，与员工制家政服务员签订了半年及半年以上的劳动合同或服务协议的，必须在合同签订起的3个月内到当地营业税主管税务机关进行备案，只有按照规定办理该手续的企业才可以按照本通知的规定享受相应的优惠政策。

《财政部、国家税务总局关于员工制家政服务营业税政策的通知》中明确规定，《财政部、国家税务总局关于员工制家政服务免征营业税的通知》规定的员工制家政服务营业税免税政策，从2014年10月1日起至2018年12月31日继续按照相关规定执行。

本章小结

营改增是指营业税改征增值税，旨在将曾经征收营业税的项目逐渐变为征收增值税，通过统一税种的方式减少重复征税，全面推进营改增的改革有利于促进我国社会的良性循环。本章主要研究和分析的内容是我国营改增的税务政策和制度,在税制改革的过程中,对原有的政策制度进行整合、延续、新增、补充等,从而进一步完善了我国的税制。全面了解和掌握营改增的税务政策与制度对于我们在实际操作中处理相关问题有很大帮助,可以帮助我们了解营改增的实际意义,更好地开展相关工作。

第三章 营改增后我国增值税会计解读

增值税在我国税收体系中占据着主导地位,其会计核算的正确、合理与否无论是对国家、企业,还是对投资者、债权人等都具有十分重要的影响。完善合理的增值税会计处理办法能够帮助增值税征收工作的顺利进行,从而使得我国的经济与社会越来越进步。本章分析营改增后我国增值税会计的过程中存在的问题,并有效地对这些问题进行处理。

第一节 营改增后我国增值税会计处理规定

一、一般销售方式销项税额的会计处理

(一)直接收款方式销售业务销项税额的会计处理

销售的货物如果采取的是直接收款的方式,无论货物是否已经发出,都按照的是收到销售额或者已经取得销售额的凭证,以将提货单交给购货方的当天,作为销售额和纳税义务的发生。

按照实际所收到的价税来合计,应当按照税率来收取增值税额,借记"应收账款""应收票据"以及"银行存款"等账户,贷记"应交税费——应交增值税(销项税额)"账户,按实现的销售收入,贷记"主营业务收入""其他业务收入"等账户。

(二)托收承付和委托收款方式销售业务销项税额的会计处理

企业通过托收承付和委托收款方式来进行销售,即使程序上的步骤不同,但是在相关法律的实施上,都是遵守了增值税法以及会计规范,所以计算过程中都应当按照商品的发出时间,以及向银行办理手续的当天起,进而才能确认销售的实现以及发生纳税的义务。企业可以根据委托收款或者托收承付结算凭证和发票,借记"应收账款",贷记"应交税费——应交增值税(销项税额)""主营业务收入"。

(三)预收货款方式销售业务销项税额的会计处理

相关税法中提出,货物销售过程中,采取预收货款的方式进行时,要在当天将货物发出去。企业在向购货单位预收货款时,借记"银行存款",贷记"预收账款",在发出商品后,借记"预收账款",贷记"主营业务收入""应交税费——应交增值税(销项税额)",在收到剩余款项时,借记"银行存款",贷记"预收账款";退回多收的款项,借记"预收账款",贷记"银行存款"。

二、包装物销售、出租及收取押金销项税额的会计处理

包装物销售的会计处理是随着产品在销售过程中所计算的,如果是单独计价的包装物,应确认收入并计算其中的销项税额。

包装物出租的会计处理是跟随商品一起出售,并收取单租的租金进行计算的。其包装物租金属于价外的费用,会被并入销售额的计算销项税额中,价外费则属于是含税收入,在征税的过程中应当换算成为不含税收来进行计算。

如何对包装物在收取押金上进行会计处理。纳税人通过销售的渠道来将自己的所有物进行出租或者借出,进而收取一定的押金,是单独进行计算的,也是不需要并入销售额征税。如果出现了到期却没有收回的包装物,则不能再退还押金,应当按照包

装货物所适用的税率来计算销项税额。

规定中所涉及的"逾期"指的是按照合同中所约定的期限或者在一年内,对于所收取的押金无论是否退回,都应当并入销售额征税中。此外,除了对啤酒和黄酒之外的其他酒类在销售的过程中都要收取一定的包装物押金,无论押金是否归还都应并入当期销售额征税。

三、以旧换新业务销项税额的会计处理

(一)一般物品以旧换新业务的会计处理

采取以旧换新方式进行销售,就是指纳税人在销售自己货物的过程中,有权利对旧的货物进行回收。货物的销售与有偿回收旧的货物是两种不同的业务活动,所以销售额是不能够进行抵减的。在运用以旧换新的方式进行销售的过程中,旧的货物可以当作新的货物进行销售,不得降低价格低价出售,回收的商品应当是以购进商品的方式进行处理。

(二)金银首饰以旧换新业务的会计处理

财政部、国家税务总局针对金银首饰的特殊性,以及在以旧换新业务上做出明确的规定,《关于金银首饰等货物征收增值税问题的通知》表明:按销售方实际收取的不含增值税的全部价款计缴增值税。会计上对于金银首饰以旧换新与普通的以旧换新业务没有太大的区别,都应该按照销售新货物的同期销售价格来确定营业收入。

四、销售已使用过的固定资产销项税额的会计处理

自2009年1月1日起,纳税人在销售固定资产的过程中,是需要缴纳增值税的。

2008年12月31日前,没有纳入扩大增值税抵扣范围试点的纳税人,在销售固定资产时,无论是哪种方式,都要按照2%征收增值税。

五、以物易物业务销项税额的会计处理

以物易物指的是业务双方在进行交易的过程中,运用相同价格的物品进行交换的方式,这是一种不适于用货币进行结算,进而实现货物购销的交易方式。

根据《企业会计准则第7号——非货币性资产交换》条例中的规定,在进行非货币性资产交换的过程中是具有一定的商业实质的,只要是在价值上具有一定的公允性,就能够进行可靠的计算,按照资产的公允价值作为换入资产的成本,相比具有确凿证据来表明换入的资产价值更加地可靠。公允价值与换出资产账面价值的差额计入当期损益。

非货币性资产在交换的过程中是不具有商业性质的,其所具有的公允价值也不能经过计量来得出,而是以资产的换出账面价值和应支付的相关税费来作为换入资产的成本。

税法上以物易物应当做购销处理,只有在双方开出专用发票的情况下,才可以做出税额抵扣。

六、赊销及分期收款方式销项税额的会计处理

采用赊销和分期收款的方式来进行销售产品,依照增值税法中的相关规定,纳税义务所发生的时间为合同中所约定收款的当天。

七、折扣销售、销售折扣、销售折让及销售退回销项税额的会计处理

(一)折扣销售(商业折扣)销项税额的会计处理

折扣销售指的是销货方在进行销售货物或者进行应税劳务的过程中,会因为购货方所需要的数量比较大而在价格方面给予

一定的优惠。我国税法规定,在销售的过程中对于销售折扣额体现在一张发票上的,就可以按照折扣后的余额作为销售额来计算增值税。如果是重新开的发票,财务上无论如何进行处置,都会从销售额中减除折扣额。税法上的"折扣销售"即会计上的"商业折扣",应按折扣后的余额确认销售收入。

(二)销售折扣(现金折扣)销项税额的会计处理

销售折扣在会计上被称为现金折扣,是销售货物的一方在销售货物或者提供应税劳务的过程中,为了鼓励供货方能够及早地还清货款而给予的一种折扣优惠,即从原本应当支付的货款总额中给予一定的折扣。现金折扣通常以分数形式反映,如 2/10(表明在 10 天内付款可得到 2%的折扣)。

销售折扣(现金折扣)在税法上按照折扣前金额计算销项税额,在会计上采用总价法进行核算,即按照折扣前金额确认销售收入。发生折扣时,作为当期费用处理,记入"财务费用"账户。

(三)销售折让及销售退回的会计处理

销售折让是企业在销售商品过程中,根据销售商品的品种、质量以及与合同所标注而有所出入,进而给予购货方一定程度的价格优惠。销售退回也是企业在销售产品的过程中,因为产品质量问题以及产品的品种没有符合客户的要求,而发生了退货现象。

根据《企业会计准则第 14 号——收入》规定,企业已经确认销售商品收入的售出商品发生销售折让或销售退回的,应当在发生时减少当期销售商品的收入。销售折让及销售退回按税法规定可以冲减增值税销项税额。

八、视同销售业务销项税额的会计处理

(一)委托代销业务委托方和受托方销项税额的会计处理

1.支付手续费方式

在选择支付的过程中,通过将货物交给代销方后,依据税法中的规定,货物交付他人代销和销售代销货物均视同销售,进而来计算销项税额。委托方发出代销商品时,借记"委托代销商品"账户,贷记"库存商品"账户。

供货商在收到委托单位的代销清单时,通过在代销清单上注明自己已经销售商品的实际情况来进行,通常可以分为以下几项内容:应收的款项、按照代销清单实现的收入、通过所开出的增值税专用发票来注明相应的销项税额,按照应支付代销手续费借记"销售费用"账户、贷记"应收账款"等账户。

委托方在收到增值税专用发票后,以委托方所取得的专用发票上注明的增值税额,借记"应交税费——应交增值税"账户,按照应当支付给委托单位的款项,贷记"应付账款"账户,同时借记"代销商品"账户,贷记"受托代销商品"账户。

归还委托单位的贷款并进行手续费的计算时,借记"应付账款"账户,贷记"主营业务收入""其他业务收入"等账户,按其差额,贷记"银行存款"账户。

2.视同买断方式

该方法指的是委托方或者受托方在进行协议签订的过程中,委托方按照协议议价来收取所代销的货款,实际的售价则是由委托方来定,实际售价与协议之间的差额都是由委托方所具有的销售方式来决定。

(二)货物在两个机构之间转移销项税额的会计处理

在具有两个以上机构并实施统一核算的纳税人,在对货物的转移过程中,将货物从一个机构转移到另一个机构,若这两个机构不在同一个地区,在税法上视为销售行为,确认其相应的销项税额及进项税额。由于这两个机构实行的是统一核算方式,所以在移送货物的同时,是不需要会计商家进行确认的,而只需要完成税务处理即可。

发货机构在货物的发出过程中,应当按照税务机关所核定的价格来计税,开出专用的发票,借记"应收账款""银行存款"等账户,以及相应地贷记"应交税费——应交增值税"账户。

(三)将自产、委托加工或购买的货物作为投资销项税额的会计处理

将自产、委托加工或购买的货物作为投资,税法上规定应视同销售,在移送的当天确认增值税销项税额,会计上规定在移送的当天确认产品销售收入。

(四)将自产、委托加工的货物用于集体福利或个人消费销项税额的会计处理

这种情况税法上规定应视同销售,在移送的当天确认增值税销项税额。

《企业会计准则第9号——职工薪酬》应用指南中提出,"企业通过使用自产产品作为一种非货币的福利行为,进而发放给职工,应当根据其所收益的不同对象,按照该产品所具有的价值,然后计入相关的资产或者当期的损益中,进而确认应付职工薪酬的数量"。

(五) 将自产、委托加工或者购买的货物分配给股东或者投资者销项税额的会计处理

将自产的、委托加工或者是将购买的货物分配给股东以及投资者进行销项税额的处理，这种情况在税法规定上是视为销售的行为，在移送的当天确认增值税销项税额。分配给股东或者投资者的，货物的所有权就已经属于他人，债务得以减少，与现金资产等价的经济利益已经具备销售的实质，会计上确认销售的收入。

(六) 将自产、委托加工或者购买的货物无偿赠送他人销项税额的会计处理

将自产的、委托加工的或者是将购买的货物无偿赠送给他人的行为，税法上规定该情况视同销售，移送的当天确认增值税销项税额。

《企业会计准则》中并没有对将自产的、委托加工以及购买的货物无偿赠送给他人的行为做出明确的规定，根据实质重于形式的原则，该业务虽然在形式上不一定符合销售的一般标准行为，但是在实质上属于"价值实现"，同现金捐赠行为相比，为企业节约了现金流，具有一定的"商业实质"，所以在会计处理的过程中因当同销售业务的性质处理，即"视同销售"。

九、小规模纳税人应纳增值税的会计处理

小规模的纳税人在销售货物的过程中实行简易征收的方法，按照征收率计算税额。对于小规模的纳税人来说，征收率按照3%来进行，销售额乘以征收率，进而计算得到其应纳税额。

十、增值税减免的会计处理

根据我国现行的增值税减免规定，减免增值税分为以下几种不同的形式：

第一,直接免征。直接免征增值税指的是纳税人不需要缴纳税款,如农业生产者在销售自己的农产品的过程中不需要缴纳增值税;

第二,直接减征。即在征收税款的过程中,对于简易征收的旧货规定中,征收税款按照一定的比例来征收;

第三,即征即退。当税务机关在征收增值税后,将税款入库后,及时退还,退税的机关为税务机关;

第四,先征后退。与即征即退的性质差不多,只是在退税的过程中,时间较晚,退税机关为税务机关;

第五,先征后返。当税务机关在正常情况下将增值税收入库中时,财政机关按照税收政策中的规定来进行审核,然后向企业返还所缴纳的增值税,返税机关为财政机关。

(一)直接免征、直接减征增值税的会计处理

对于直接免征增值税的,在销售免税货物过程中,是不需要进行计提销项税额的,为生产免税货物而购进的原材料的进项税额做转出处理,是要计入成本的。对于直接减征增值税的,按减征方法计算增值税额。

(二)即征即退、先征后退、先征后返增值税的会计处理

企业销售货物时,正常计税,并按规定纳税期限正常缴税。

在《企业会计准则第 16 号——政府补助》第二条"政府补助形式"的第三款中规定,税收返还无论政府采取的是哪种形式来进行征收税款,都属于政府通过税收优惠的形式所给予的补助形式。

第二节　两类不同纳税人的增值税科目设定

通常,大部分的营改增试点纳税人与增值税相关的财税处理方法基本与现行的增值税规定一致,其中最基本的特征是按照当期的应税销售额和适用的增值税税率计算增值税销项税额,在扣除当期进项税额后,差额为应向税务机关申报和缴纳的当期增值税应纳税额。

一、一般纳税人增值税会计科目的设置

在我国,采用的是"价外计税"的方法来实行增值税,即以不含税的价格为计税的依据,同时,增值税一般纳税人根据增值税专用发票上注明的税额来进行税款抵扣以计算纳税税额。所以,购进货物、接受加工修理修配劳务或者进行应税的行为中包括价款和税款的核算,应分别进行。

(一)进项税额

进项税额指的是企业用来核算购进的货物或者是进行加工修理修配劳务以及应税行为的,准予从销项税额中进行增值税额的抵扣。企业应该根据所取得的增值税专用发票,以及海关进口增值税专用缴款书等各相关的凭证,进行进项税额的核算,借记"应交税费——应交增值税"科目。

另外,纳税人可根据《本期抵扣进项税额结构明细表》自行设置下级明细科目。

(二)已交税金

记录企业本月已缴纳的增值税额。企业本月已缴纳的增值税额用蓝字登记;退回本月多缴的增值税额用红字登记。

(三)减免税款

减免税款科目主要是为了核算企业在经过主管税务机关的批准,实际所减免的增值税额。

(四)出口抵减内销产品应纳税额

记录企业按规定的退税率计算的零税率应税服务的当期免抵税额。

(五)转出未交增值税

记录企业月终转出应交未交的增值税。月终,企业转出当月发生的应交未交的增值税额用蓝字登记。

(六)销项税额

记录企业销售货物或提供应税行为应收取的增值税额。企业销售货物或提供应税行为应收取的销项税额,用蓝字登记;退回销售货物应冲销的销项税额,用红字登记。

(七)营改增抵减的销项税额

核算一般纳税人提供应税服务,适用一般计税方法按规定允许扣减销售额而减少的销项税额。

(八)出口退税

记录企业零税率应税服务按规定计算的当期免抵退税额或按规定直接计算的应收出口退税额;零税率应税服务办理退税后发生服务终止而补交已退的税款,用红字登记。

(九)进项税额转出

记录企业的购进货物、在产品、产成品等发生非正常损失以及其他原因而不应从销项税额中抵扣,按规定转出的进项税额。

(十)转出多交增值税

记录企业月终转出本月多缴的增值税。月终,企业转出本月多缴的增值税额用蓝字登记。

二、小规模纳税人增值税会计科目的设置

对于小规模纳税人的核算方法是比较简单的,只需要设置"应交税费——应交增值税"等科目,不需要设置其他的三级科目即可进行。

第三节 增值税的会计核算与纳税申报

一、增值税会计核算

(一)一般纳税人进项税额的会计核算

1. 可抵扣进项税额的核算

(1)购入材料、商品等取得增值税专用发票

纳税人一般从国内进行货物的采购,或者是接受应税劳务,按照增值税专用发票上所注明的增值税额借记"应交税费——应交增值税"科目;按照增值税专用发票上所注明的应计入采购成本的金额借记"商品采购科目";按应付或实际已付的价款、税费总额贷记"应付账款""银行存款"等科目。

(2)购入免税农产品进项税额的核算

纳税人在购买免税的农产品过程中,按照购入农产品价格的13%进行税额的计算,借记"应交税费——应交增值税"科目,依照购入的价格抵扣规定中可以扣除的进项税额,借记"在途物资"

"原材料"以及"库存商品"等科目,应该付的款项或者实际已经付过的价款,贷记"应付账款""银行存款"以及"库存现金"等科目。

(3)进口货物进项税额的核算

企业在进口物资的过程中,按照其组成计税价格和规定的税率来计税,依法缴纳增值税,海关进口增值税专用缴款书上所明确标注增值税额,借记"应交税费——应交增值税"科目,如果按照的是进口货物的实际成本,借记"原材料""库存商品"等科目。

(4)购入固定资产进项税额的核算

2009年1月1日起,对于普通的纳税人来说,在购进货物的过程中,也包括捐赠、实物投资,或者进行采矿扩建、安装等自制固定资产等行为发生的进项税额,因此,可以在相关增值税开具的发票项中进行抵扣,其进项税额贷记"应交税费——应交增值税"科目。

但是,通常纳税人在购进固定资产所专用于免税项目或者将固定资产专用于集体福利或者个人消费的行为,进项税额不得抵扣而应计入固定资产的成本中。

2. 不得抵扣进项税额的核算

(1)取得普通发票的购进货物的核算

一般来讲,普通的纳税人在选购货物时,所选购的货物中不包含购进的免税农业产品,只能取得普通的发票,所以按照发票所全部积累的价款入账,不得将增值税分离出来进行抵扣处理。

(2)购入用于集体福利等项目的货物或劳务的核算

企业在集体进行购入货物或者接受应税劳务的过程中,应用员工的集体福利的,其在专用的发票上要注明增值税额,计入购入货物以及接受劳务的成本中,借记"应付职工薪酬"等科目。需要注意的是,纳税人在购进用于交际应酬的货物时,是不允许抵扣进项税额。

(3)购进货物过程中发生非正常损失的会计处理

企业在货物的购进过程中,如果因为各种因素,例如由于管理不善给货物造成损失、破坏、霉变以及因违反法律行为造成货物或者不动产依法没收、销毁以及拆除等损失,称为非正常损失,其进项税额不得抵扣。增值税暂行条例规定非正常损失不再包括自然灾害造成的损失。

3.进项税额转出的会计处理

已抵扣进项税额的购进货物或者应税劳务改变用途,用于免税项目、简易计税项目、集体福利或个人消费的,应当将该项购进货物或者应税劳务的进项税额从当期的进项税额中扣减。

(1)将购进的货物用于非货币性福利

纳税人将外购的货物用于集体福利或者个人消费的,其进项税额不得抵扣。企业通过将外购的货物作为非货币性福利提供给职工的,应当按照该产品所具有的公允价值确定应付职工薪酬金额,其收入和成本的会计处理与正常商品销售相同,进项税额作转出处理。

(2)发生非正常损失

购进的物资或者产品,由于管理不善而造成了非正常的损失,其进项税额应相应地转入有关科目不得抵扣。借记"待处理财产损溢"科目,贷记"应交税费——应交增值税"科目。

(二)一般纳税人已交增值税的会计核算

企业购销等业务发生的进项税额、销项税额在"应交税费——应交增值税"的明细科目有关专栏核算。在月末,结出借、贷方合计和余额,计算出企业在当月应交未交的增值税额,并结转相关科目。

当月所未交的增值税额等于销项税额与出口退税以及进项税额转出之和,在此基础上减去进项税额与初期留底税额与已交税金以及出口抵减内销产品应纳税额之和,所得出的结果就是当月没有交的增值税额,会计分录如下:

借：应交税费——应交增值税（转出未交增值税）

　　贷：应交税费——未交增值税

若在月末的计算过程中，所得出的未交增值税额为负数，在没有预交增值税的情况下，属于尚未抵扣的增值税额，不需要进行账务处理；在预交增值税的情况下，说明是多交了增值税额，月末做会计分录如下，转出多交增值税的只能在本月已交税金的金额范围内进行转回：

借：应交税费——未交增值税

　　贷：应交税费——应交增值税（转出多交增值税）

(三) 减免增值税的会计核算

增值税的减免是分三种形式进行的，即先征收后返还、即征即退、直接减免等，其在会计处理上也有所不同，但当企业收到返还的增值税都应该通过"营业外收入——政府补助"账户进行核算，以作为组成企业利润总额的一部分。

企业在采用先征收后返还、即征即退的办法来进行减免的方式，在销售货物的过程中，应按照正常会计核算程序核算应纳增值税税额。当办理增值税退还手续，收到退税款时，直接做会计分录。

借：银行存款

　　贷：营业外收入——政府补助

对于直接减免增值税是不属于政府补助的。如果是免税，在进行会计处理过程中，借记"应收账款"等，贷记"主营业务收入"，即不反映"应交税费"的贷项；若是减税，只按应交增值税的税额，贷记"应交税费"即可。

(四) 小规模纳税人的会计核算

1. 小规模纳税人销售的核算

小规模纳税人发生应税行为实行简易的计税方法，通常按照

3%的税率,不动产按照5%的税率来计算。以不含税销售额乘以征收率计算其应缴增值税。小规模纳税人通常是不得为购买方开具增值税专用发票,若是购买方强烈要求开具专用发票时,小规模纳税人应持普通发票前往税务机关换开专用发票。

不论开发票与否,对于小规模纳税人来说都必须按照实现的应税收入和征税率计算应纳税额,并记入"应交税费——应交增值税"账户。在实现销售的过程中,按照价税合计数,借记"银行存款""应收账款"科目中。若不按含税销售额进行时,贷记"主营业务收入""其他业务收入"等科目。

2. 小规模纳税人购进的核算

使用简易的计算方法来计算应纳增值税的小规模纳税人,在购进货物、接受劳务、服务、无形资产或者不动产时,是否能够取得增值税专用发票,其支付给销售方的增值税额都不得进行抵扣,而应计入购进货物或者接受劳务的成本中。

二、增值税纳税申报

(一)增值税的征收管理

1. 纳税义务发生时间

(1)纳税人在发生应税行为的过程中,应以收取销售款项以及取得销售款收据的当天为纳税义务的发生时间。在先开出发票的,为开具发票的当天。可以表现为如下情形:

第一,采取直接的收款方式进行货物的销售,无论货物是否发出,所按照的收款时间都以收到货物的当天为凭证。

第二,在销售货物的过程中,委托方采用托收承付或者由银行收款的方式进行时,都按照货物发出并办妥手续的当天为凭证。

第三,在销售货物的过程中,采用赊销或者分期收款的方式进行时,都以所约定的合同中的日期为准。如果没有合同,或者是没有书面约定日期,都以货物的发出当天为准。

第四,采取预收款的方式通常指的是纳税人提供建筑服务或者租赁服务时,其纳税义务发生的时间为收款的当天。

第五,应税劳务在进行销售的过程中,都以提供劳务收讫销售款或者取得销售款凭证的当天为准。

第六,纳税人发生视同销售行为,货物的移送、服务以及无形资产转让发生的时间,在完成的当天或者不动产权属变更的当天。

(2)进口货物,为报关进口的当天。

(3)纳税人增值税纳税义务发生时间为增值税扣缴义务发生的当天。营改增试点纳税人发生视同提供应税服务的,则为应税服务完成的当天。

2. 增值税的纳税期限

关于纳税人所应当缴纳税务期限,可以根据纳税额的大小来确认,如果不能依照固定的期限进行缴纳,应当按次缴纳。增值税的纳税期限分别是在1天、3天、5天、10天、15天、1个月或者是1个季度。

通常适用于小规模纳税人、银行或者财务公司的纳税期限都为1个季度,是由国家税务总局所规定的,属于其他纳税人。

3. 增值税纳税地点

(1)增值税纳税地点指的是当地的固定业户向其所在地或者居住地的主管税务机关申报纳税的地点。如果总机构和分支机构不在同一个县或者市里面,应当分别向业户所在的地方或者主管税务机关来进行申报纳税;在经过国务院财政部或者国家税务总局以及其他具有相应权限的财政或者税务机关的批准后,业户可以向当地的主管税务机关进行申请纳税。

跨省或者是跨市提供建筑服务或者进行销售不动产时,按照规定在建筑服务发生地或者不动产所在地预缴纳税款后,向机构所在地的主管税务机关进行纳税申报。

(2)非固定业户应向发生应税行为所在地的主管税务机关申请纳税;如果没有申请纳税,则要由其机构所在地或者居住地的主管税务机关来进行补征税款。

(3)其他人提供建筑服务,进行销售或者租赁不动产等行为,都需要向资源的所在地进行税务的申报。

(二)增值税的纳税申报

1. 一般纳税人的纳税申报

一般纳税人办理纳税申报,需要经过专用发票认证(或选择抵扣)、抄税、报税、办理申报等工作。

专用发票认证(或选择抵扣)。发票的开具可以选择手工认证以及网上认证的方式,手工认证指的是单位办税员月底持专用发票"抵扣联",去所属主管税务机关服务大厅的"认证窗口"进行认证;网上进行认证的方式是指纳税人月底前通过扫描仪将专用发票抵扣联进行扫描并存入认证专用软件,生成电子数据,将数据文件传给税务机关完成认证。

自2016年5月1日起,纳税信用A级、B级纳税人对取得的增值税专用发票可以不再进行认证,通过使用增值税发票税控开票软件,进行登录本省增值税发票查询平台,查询、选择用于申报抵扣或者出口退税的增值税发票信息。

抄税。在每个月的最后一天进行抄税行为,通常是指在次月的1日早上开票前,使用防伪税控开票系统进行抄税处理,将本月开具增值税专用发票的信息读入IC卡,在进行抄税完成后,本月则不允许进行发票的开具。

报税。在报税的期限内,纳税人在15日内将IC卡拿到税务机关处,税务人员将IC卡中的信息读入金税系统中,经过报税,税务机关要确保所有的抵扣进项发票都进入金税系统中,系统的内部可以进行自动的对比,进而确保任何一张抵扣的进项发票都有销项发票与之对应。

办理申报。申报工作可分为上门申报和网上申报,上门申报是指在申报期内,携带填写的申报表、资产负债表、利润表及其他相关材料到主管税务机关办理纳税申报,税务机关审核后将申报表退还一联给纳税人。

网上申报指的是纳税人在征税期限内,通过使用互联网技术将增值税纳税申报表主表、附表以及其他必报资料的电子信息传达至电子申报系统。纳税人应从办理税务登记的次月1日起15日内,不论有无销售额,都应按照主管税务机关核定的纳税期限,按期向当地税务机关申报。

税款缴纳。税务机关将申报表单据送到开户银行,由银行进行自动转账处理。对于未实行税库银联网的纳税人还须自己到税务机关指定的银行进行现金缴纳。

2.申报资料

电子信息采集系统一般纳税人纳税申报资料包括以下几项。

必须填报资料:一般纳税人所适用的是增值税纳税申报表,以及反映本期销售情况明细的附列资料(一)、反映本期进项税额明细的附列资料(二)、反映营改增纳税人服务、不动产以及无形资产所扣除明细的附列资料(三)、反映税额抵减情况表附列资料(四)、反映不动产分期抵扣计算表附列资料(五)以及固定资产中(不含不动产)进项税额抵扣情况表、本期抵扣进项税额结构明细表、增值税减免税申报明细表、营改增税负分析测算明细表;备份数据软盘和IC卡;资产负债表和利润表。

其他必报资料:海关完税凭证抵扣清单、代开发票抵扣清单,主管国税机关规定的其他必报资料。

备查资料:通常备查资料指的是已经具备要开具发票的存根联;具有符合可以抵扣的条件,具有增值税专用的发票抵扣联;具有收购的发票;海关进口货物完整的税务凭证;购进农产品过程中所开具的普通发票或者是复印件;主管税务机关规定的其他备查资料;代扣代缴税款凭证存根联。是否应当在当期内报送备查资料,由各级国家税务局确定。

三、增值税纳税申报表的填写

以××汽车集团为例,进行2016年6月增值税申报,说明增值税纳税申报表的填写过程。

操作步骤如下:

第一步,申报期内,凭"应交税费——应交增值税"明细账,填写增值税附表一、附表二、固定资产进项税额抵扣情况表。

如表3-1、表3-2、表3-3所示。

第二步,根据"应交税费——应交增值税"明细账、附表一、附表二、固定资产进项税额抵扣明细表,填写增值税纳税申报表。

如表3-4所示。

小规模企业无论当季有无销售额,均应填报增值税纳税申报表(适用于小规模纳税人),于季满次月15日前报主管税务征收机关,并提供以下资料:

(1)增值税小规模纳税人纳税申报表(表3-5)及其附列资料。

(2)资产负债表、利润表。

(3)主管税务机关要求的其他资料。

表 3-1 增值税纳税申报表附列资料（表一）

（本期进项税额明细）

纳税人名称：(公章) ××汽车集团

税款所属时间：2016年6月1日至2016年6月30日

金额单位：元（列至角分）

项目	栏次	开具增值税专用发票 销售额	开具增值税专用发票 销项税额	开具其他发票 销售额	开具其他发票 销项税额	未开具发票 销售额	未开具发票 销项税额	纳税检查调整 销售额	纳税检查调整 销项税额	合计 销售额 9=1+3+5+7	合计 销项税额 10=2+4+6+8	价税合计 11=9+10	服务、不动产和无形资产扣除项目本期实际扣除金额	扣除后 含税销售额 13=11-12	扣除后 销项税额 14=13÷(100%+税率或征收率)×税率或征收率
一、一般计税方法计税															
17%税率的货物及加工修理修配劳务	1	75 000 000	1 275 000			34 188.03	5 811.97								
17%税率的服务、不动产和无形资产	2														
13%税率	3														
11%税率	4														
6%税率	5											12	—	—	—
二、即征即退项目															
即征即退货物及加工修理修配劳务	6														
即征即退服务、不动产和无形资产	7														

81

8 6%征税率	—	—	—	—	—	—	—	—	—	—	—	—
9 4%征税率	—	—	—	—	—	—	—	—	—	—	—	—
10 3%征收率的货物及加工修理修配劳务	—	—	—	—	—	—	—	—	—	—	—	—
11 3%征收率的服务、不动产和无形资产	—	—	—	—	—	—	—	—	—	—	—	—
12 其中：即征即退项目 即征即退货物及加工修理修配劳务	—	—	—	—	—	—	—	—	—	—	—	—
13 即征即退服务、不动产和无形资产	—	—	—	—	—	—	—	—	—	—	—	—

三、简易计税方法计税项目 全部征税项目

表 3-2　增值税纳税申报表附列资料(表二)

(本期进项税额明细)

税款所属时间:2016 年 6 月 1 日至 2016 年 6 月 30 日

纳税人名称:(公章)××汽车集团　　　金额单位:元(列至角分)

一、申报抵扣的进项税额

项目	栏次	份数	金额	税额
(一)认证相符的增值税专用发票	1＝2＋3	7	6 640 000.00	1 110 500.00
其中:本期认证相符且本期申报抵扣	2	7	6 640 000.00	1 110 500.00
前期认证相符且本期申报抵扣	3			
(二)其他扣税凭证	4＝5＋6＋7＋8			
其中:海关进口增值税专用缴款书	5			
农产品收购发票或者销售发票	6			
代扣代缴税收缴款凭证	7			
其他	8			
(三)本期用于购建不动产的扣税凭证	9			
(四)本期不动产允许抵扣进项税额	10			
(五)外贸企业进项税额抵扣证明	11			
当期申报抵扣进项税额合计	12＝1＋4＋9＋10＋11	7	6 640 000.00	1 110 500.00

二、进项税转出额

项目	栏次	税额	
本期进项税转出额	13＝14 至 23 之和	154 700.00	
其中:免税项目用	14		
集体福利、个人消费	15	88 400.00	
非正常损失	16	59 500.00	
简易计税办法征税项目用	17		
免抵退税办法不得抵扣的进项税额	18		
纳税检查调减进项税额	19		
红字专用发票信息表注明的进项税额	20		
上期留抵税额抵减欠税	21		
上期留抵税额退税	22		
其他应作进项税额转出的情形	23	6 800.00	

续表

三、待抵扣进项税额		
(一)认证相符的增值税专用发票	24	
期初已认证相符但未申报抵扣	25	
本期认证相符且本期未申报抵扣	26	
期末已认证相符但未申报抵扣	27	
其中:按照税法规定不允许抵扣	28	
(二)其他扣税凭证	29=30至33之和	
其中:海关进口增值税专用缴款书	30	
农产品收购发票或者销售发票	31	
代扣代缴税收缴款凭证	32	
其他	33	
	34	

四、其他

项目	栏次	份数	金额	税额
本期认证相符的增值税专用发票	35	7	6 640 000.00	1 110 500.00
代扣代缴税额	36	—	—	

表3-3 固定资产(不含不动产)进项税额抵扣情况表

纳税人识别号：　　　　　　　纳税人名称(公章)：××汽车集团
填表日期:2016年7月14日　　　金额单位:元(列至角分)

项目	当期申报抵扣的 固定资产进项税额	当期申报抵扣的固定 资产进项税额累计
增值税专用发票	34 000.00	34 000.00
海关进口增值税 专用缴纳书		
合计	34 000.00	34 000.00

注:本表一式二份,一份纳税人留存,一份主管税务机关留存

表 3-4　增值税纳税申请表

（适用一般纳税人）

根据国家税收法律法规及增值税相关规定制定本表。纳税人不论有无销售额,应均按税务机关核定的纳税期限填写本表,并向当地税务机关申报。

税款所属时间:自 2016 年 6 月 1 日至 2016 年 6 月 30 日

填表日期:2016 年 7 月 14 日

纳税人识别号				所属行业:制造业	
纳税人名称: ××汽车集团(公章)	法定代表人姓名		注册地址	营业地址	
开户银行及账号	登记注册类型			电话号码	
项目		栏次	一般项目		即征即退项目	
			本月数	本年累计	本月数	本年累计
销售额	(一)按适用税率计税销售额	1	7 534 188.03			
	其中:应税货物销售额	2	7 534 188.03			
	应税劳务销售额	3				
	纳税检查调整的销售额	4				
	(二)按简易办法计税销售额	5				
	其中:纳税检查调整的销售额	6				
	(三)免、抵、退办法出口销售额	7				
	(四)免税销售额	8				
	其中:免税货物销售额	9				
	免税劳务销售额	10				

续表

纳税人识别号				所属行业：制造业
纳税人名称：××汽车集团(公章)	法定代表人姓名		注册地址	营业地址
开户银行及账号	登记注册类型		电话号码	

<table>
<tr><td rowspan="2">项目</td><td rowspan="2"></td><td rowspan="2">栏次</td><td colspan="2">一般项目</td><td colspan="2">即征即退项目</td></tr>
<tr><td>本月数</td><td>本年累计</td><td>本月数</td><td>本年累计</td></tr>
<tr><td rowspan="14">税款计算</td><td>销项税额</td><td>11</td><td>1 280 811.97</td><td></td><td></td><td></td></tr>
<tr><td>进项税额</td><td>12</td><td>1 110 500.00</td><td></td><td></td><td></td></tr>
<tr><td>上期留抵税额</td><td>13</td><td>5 100.00</td><td></td><td></td><td></td></tr>
<tr><td>进项税额转出</td><td>14</td><td>154 700.00</td><td></td><td></td><td></td></tr>
<tr><td>免、抵、退应退税额</td><td>15</td><td></td><td></td><td></td><td></td></tr>
<tr><td>按适用税率计算的纳税检查应补缴税额</td><td>16</td><td></td><td></td><td></td><td></td></tr>
<tr><td>应抵扣税额合计</td><td>17=12+13
-14-15+16</td><td>960 900.00</td><td></td><td></td><td></td></tr>
<tr><td>实际抵扣税额</td><td>18(如17＜11，则为17，否则为11)</td><td>960 900.00</td><td></td><td></td><td></td></tr>
<tr><td>应纳税额</td><td>19=11-18</td><td>319 911.97</td><td></td><td></td><td></td></tr>
<tr><td>期末留抵税额</td><td>20=17-18</td><td></td><td></td><td></td><td></td></tr>
<tr><td>简易计税办法计算的应纳税额</td><td>21</td><td></td><td></td><td></td><td></td></tr>
<tr><td>按简易计税办法计算的纳税检查应补缴税额</td><td>22</td><td></td><td></td><td></td><td></td></tr>
<tr><td>应纳税额减征额</td><td>23</td><td></td><td></td><td></td><td></td></tr>
<tr><td>应纳税额合计</td><td>24=19+21-23</td><td>319 911.97</td><td></td><td></td><td></td></tr>
</table>

续表

纳税人识别号					所属行业：制造业	
纳税人名称：××汽车集团(公章)		法定代表人姓名		注册地址		营业地址
开户银行及账号		登记注册类型			电话号码	

	项目	栏次	一般项目		即征即退项目	
			本月数	本年累计	本月数	本年累计
税款缴纳	期初未缴税额（多缴为负数）	25				
	实收出口开具专用缴款书退税额	26				
	本期已缴税额	27＝28＋29＋30＋31				
	①分次预缴税额	28				
	②出口开具专用缴款书预缴税额	29				
	③本期缴纳上期应纳税额	30				
	④本期缴纳欠缴税额	31				
	期末未缴税额（多缴为负数）	32＝24＋25＋26－27	319 911.97			
	其中：欠缴税额(≥0)	33＝25＋26－27				
	本期应补(退)税额	34＝24－28－29	319 911.97			
	即征即退实际退税额	35				
	期初未缴查补税额	36				
	本期入库查补税额	37				
	期末未缴查补税额	38＝16＋22＋36－37				

授权声明	如果你已委托代理人申报，请填写下列资料：为代理一切税务事宜，现授权（地址）为本纳税人的代理申报人，任何与本申报表有关的往来文件，都可寄予此人。授权人签字：	申报人声明	本纳税申报表是根据国家税收法律法规及相关规定填报的，我确定它是真实的、可靠的、完整的。声明人签字：

主管税务机关：　　　　　接收人：　　　　　接收日期：

表3-5 增值税纳税申报表

（适用小规模纳税人）

纳税人识别号：

纳税人名称（公章）：　　　　　　　　金额单位：元(列至角分)

税款所属期：年 月 日至 年 月 日　　　填表日期：年 月 日

<table>
<tr><td rowspan="2" colspan="2">项目</td><td rowspan="2">栏次</td><td colspan="2">本期数</td><td colspan="2">本年累计</td></tr>
<tr><td>货物及劳务</td><td>服务、不动产和无形资产</td><td>货物及劳务</td><td>服务、不动产和无形资产</td></tr>
<tr><td rowspan="8">一、计税依据</td><td>(一)应征增值税不含税销售额(3%征收率)</td><td>1</td><td></td><td></td><td></td><td></td></tr>
<tr><td>税务机关代开的增值税专用发票不含税销售额</td><td>2</td><td></td><td></td><td></td><td></td></tr>
<tr><td>税控器具开具的普通发票不含税销售额</td><td>3</td><td></td><td></td><td></td><td></td></tr>
<tr><td>(二)应征增值税不含税销售额(5%征收率)</td><td>4</td><td></td><td></td><td></td><td></td></tr>
<tr><td>税务机关代开的增值税专用发票不含税销售额</td><td>5</td><td></td><td></td><td></td><td></td></tr>
<tr><td>税控器具开具的普通发票不含税销售额</td><td>6</td><td></td><td></td><td></td><td></td></tr>
<tr><td>(三)销售使用过的固定资产不含税销售额</td><td>7(7≥8)</td><td></td><td></td><td></td><td></td></tr>
<tr><td>其中:税控器具开具的普通发票不含税销售额</td><td>8</td><td></td><td></td><td></td><td></td></tr>
</table>

88

续表

	项目	栏次	本期数		本年累计	
			货物及劳务	服务、不动产和无形资产	货物及劳务	服务、不动产和无形资产
一、计税依据	（四）免税销售额	9＝10＋11＋12				
	其中：小微企业免税销售额	10				
	未达起征点销售额	11				
	其他免税销售额	12				
	（五）出口免税销售额	13(13＞14)				
	其中：税控器具开具的普通发票销售额	14				
二、税款计算	本期应纳税额	15				
	本期应纳税额减征额	16				
	本期免税额	17				
	其中：小微企业免税额	18				
	未达起征点免税额	19				
	应纳税额合计	20				
	本期预缴税额	21				
	本期应补(退)税额	22＝20－21				

续表

纳税人或代理人声明： 本纳税申报表是根据国家税收法律法规及相关规定填报的，我确定它是真实的、可靠的、完整的。	如纳税人填报，由纳税人填写以下各栏：
	办税人员(签章)： 财务负责人(签章)：
	法定代表人(签章)： 联系电话：
	如委托代理人填报，由代理人填写以下各栏：
	代理人名称(公章)： 经办人(签章)：
	联系电话：

主管税务机关： 接收人： 接收日期：

本章小结

本章主要是从三个方面来解读营改增后我国增值税会计，营改增后我国增值税会计如何处理的规定，不同纳税人的增值税科目是如何设定的，增值税的会计核算与纳税申报是如何进行的？这几个问题都是需要我们进行思考的。关于营改增后的会计处理规定，各种销售方式销项税额的会计处理办法；不同纳税人的增值税科目中包括一般纳税人增值税会计科目以及小规模纳税人增值税会计科目，二者相互关联又相互区别；增值税的会计核算包括一般纳税人和小规模纳税人的会计核算，关于增值税的纳税申报，包括增值税的征收管理以及增值税的纳税申报两个方面。通过这些内容，我们可以更加清楚地了解我国营改增后增值税会计的办法以及各项问题的解决。

第四章 企业其他税种的税务会计实务处理

企业通常情况下是依据企业的经济性质和经营业务进行确定企业所应当缴纳的税种和税率。除了增值税之外,企业还有其他税种,诸如消费税、所得税、城镇土地使用税、城市维护建设税及教育费附加等。每一个税种都有自己的内涵、计算与实务处理方法。在营改增背景下,了解企业的这些税种很有必要。

第一节 消费税的税务会计实务处理

消费税是以消费品的流转额作为征税对象的各种税收的统称。它成为目前世界上各个国家广泛征收的一个税种,不但属于国家财政收入的一项重要来源,同时是落实产业政策、调整消费的一种十分重要的手段。当前,我国的消费税通过国家税务总局进行征收管理(进口过程中的消费税则需要海关代为征收管理),从中获得的收入归国家政府所有,成为我国财政收入中的一项极其重要的税源。

一、消费税概述

(一)消费税的征税范围

消费税将我国境内所生产的、委托加工的以及进口的需要缴税的消费品作为征税对象,它包含四个方面:其一,生产应当缴纳税款的消费品。生产应当缴纳税款的消费品销售属于消费税征收的一项最重要的环节,生产应当缴纳税款的消费品不仅直接对外销售需要征收消费税,而且纳税人把所生产的应当缴纳税收消费品用交换的方式取得生产资料、消费资料、投放资本入股、偿还债务,加上用在继续生产应当缴纳税款之外的各个方面均需要上交消费税。其二,委托加工应当缴纳税收的消费品。所谓委托加工应当缴纳税收的消费品则指委托方供应原料和重要材料,受托一方仅仅收取加工费用和代替垫付一些辅助材料加工的应当缴纳税收的消费品。其中,委托加工的应当缴纳税收的消费品在收回之后,仍然继续用在生产应当缴纳税款消费品销售的,其加工过程中所缴纳的消费品税款能够扣除。其三,进口应当缴纳税款的消费品。企业和个人进口货物归入消费税征税范围之内的,则在进口过程中需要上交消费税,并且由海关代征。其四,零售应税消费品。自 1995 年 1 月 1 日开始,金银首饰消费税从之前的生产销售过程中征收更改成零售过程中征收。

(二)消费税的纳税义务人

在我国境内生产、委托加工处理以及进口规定的消费品的企业和个人,加上国务院明确规定的销售规定的消费品的其他企业和个人,属于消费税的纳税人。所谓单位则指的是企业、行政部门、事业单位部门、军事部门、社会团体以及其他部门;个人则指个体工商户以及其他个人。所谓我国境内,则指生产、委托加工处理和进口属于需要缴纳消费税款的消费品的起始运输地点或所处地方在境内。我国国家政府明确规定的应当缴纳税款的其他企业或个人则指金银装饰、钻石及钻石装饰品、铂金首饰的中间商加上卷烟的批发商等。

(三)消费税的税目、税率

表4-1 消费税税目税率一览表

税目	子目		税率
一、烟	1.卷烟	(1)每标准条(200支)调拨价70元以上的(含70元,不含增值税)	比率税率:56% 定额税率:150元/标准箱(50 000支)
		(2)每标准条(200支)调拨价70元以下的(不含增值税)	比率税率:36% 定额税率:150元/标准箱(50 000支)
		商业批发	5%
	2.雪茄烟		36%
	3.烟丝		30%
二、酒	1.啤酒	(1)每吨出厂价格(含包装物及包装物押金,不含增值税)3 000元(含)以上的	250元/吨
		(2)每吨出厂价格(含包装物及包装物押金,不含增值税)3 000元以下的	220元/吨
		(3)娱乐业和饮食业自制的	250元/吨
	2.粮食白酒、薯类白酒		比率税率:20%; 定额税率:0.5元/斤(500克)或0.5元/500毫升
	3.黄酒		240元/吨
	4.其他酒		10%

续表

税目	子目	税率
三、成品油	1.汽油	1.52元/升
	2.柴油	1.2元/升
	3.石脑油	1.52元/升
	4.溶剂油	1.52元/升
	5.润滑油	1.52元/升
	6.燃料油	1.2元/升
	7.航空煤油	1.2元/升(暂缓征收)
四、鞭炮、焰火		15%
五、贵重首饰及珠宝玉石	1.除镀金(银)、包金(银)首饰以及镀金(银)、包金(银)的镶嵌首饰以外的金银首饰;铂金首饰;钻石及钻石饰品	5%零售环节征收
	2.其他金银珠宝首饰;珠宝玉石	10%生产环节征收
六、高尔夫球及球具		10%
七、高档手表(销售价格(不含增值税)每只在10 000元(含)以上的各类手表		20%
八、游艇		10%
九、木制一次性筷子		5%
十、实木地板		5%

续表

税目	子目	税率
十一、小汽车	1.乘用车	
	(1)汽缸容量(排气量,下同)在1.0升(含)以下	1%
	(2)汽缸容量在1.0升至1.5升(含)	3%
	(3)汽缸容量在1.5升至2.0升(含)	5%
	(4)汽缸容量在2.0升至2.5升(含)	9%
	(5)汽缸容量在2.5升至3.0升(含)	12%
	(6)汽缸容量在3.0升至4.0升(含)	25%
	(7)汽缸容量在4.0升以上	40%
	2.中轻型商用客车	5%
十二、摩托车	1.汽缸容量250毫升	3%
	2.汽缸容量250毫升以上	10%
十三、化妆品		30%

(四)消费税的纳税期限

根据《消费税暂行条例》相关的规定,消费税的纳税期限可以分为1天、3天、5天、10天、15天、每个月或每个季度。纳税人的实际纳税期限则是由主管税务机关依据纳税人应当缴纳税款数额的大小进行核实确定;无法按照固定期限纳税的,可以按次纳税。

纳税人将每个月或每个季度作为一个纳税期的,在期满之日起15天之内申报纳税;如果纳税人以1天、1个月或1个季度为一个纳税期的,自期满之日起15日内申报纳税;以1天、3天、5天、10天、15天为一个纳税期的,自期满之日起5天之内提前缴纳税款,在次月的1日至15日申报缴纳税款且结算上个月应当缴纳的税款。

纳税人进口应当缴纳税款的消费品,需要自海关填写发给海关进口消费税专用缴款书的那天起15天之内上交税款。

二、消费税应当缴纳税额的计算与会计处理

根据目前消费税法的明确规定,消费税应当缴纳税款数额的计算方法通常分为三种,分别是从价计征、从量计征以及从价从量复合计征三种。

(一) 从价计征

依据从价定率计算方法,纳税人应当缴纳税款数额等于应当缴纳税款的消费品的销售总额与适用税率的乘积,而具体缴纳税款数额的多少受到应当缴纳税款消费品的销售总额和所适用的税率的决定性影响。

1. 销售额的确定

所谓销售额则指纳税人销售应当缴纳税款消费品向购买的一方收取的所有价款和价格之外的费用。这里,价格之外的费用则指价外向购买各方所收取的手续费用、补贴、基金、集资费用、返还利润、奖励费用、违反约定资金、滞纳金、延缓期限付款利息、赔偿金、代收款项、代替垫付款项、包装费用、包装货物租金、储备费用、优质费用、运输装卸费用以及其他多种性质的价外收费。不过,下列项目并不涵盖在内:其一,同时符合一个两个条件的代替垫付运输费用。第一,运送货物部门的运输费用发票开具给那些购买方的。第二,纳税人把这项运输费用发票移交给购买方的。其二,同时符合以下三个条件代替收取的具有国家性质的基金或具有行政事业性质的收费。第一,国务院或财政部门审核批准创立的国家性质基金,则由国务院抑或是省级人民政府以及财政、价格管理部门所创设的行政事业性收费;第二,收取的款项事后需要开具省级以上财政部门印刷制作的财政票据;第三,收取的款项全部缴纳财政部门。其他价格费用,不管是否归于纳税人

的收入范畴,均需要一并列入销售额计算征收税款。

2.含增值税销售额的换算收取的增值税款

假如纳税人应当缴纳税款消费品的销售总额中并没有扣除增值税税款抑或是由于无法开具增值税专用发票而引起价款和增值税税款合在一起,在计算消费税的时候,需要把包含增值税在内的销售额视作不含增值税的销售额。换算公式如下所示:

应当缴纳税款消费品的销售额=包含增值税在内的销售额÷(1+增值税税率或者征收率)

(二)从量计征

根据从量定额计算方法,应当缴纳税款数额等于应当缴纳税款消费品的销售总量与单位税额的乘积,应当缴纳税款税额的多少受到应当缴纳税款消费品的数量和单位税款数额的决定性影响。

1.销售数量的确定

所谓销售数量则指纳税人生产、加工处理以及进口应当缴纳税款消费品的数量。具体有以下四个方面的规定:其一,销售应当缴纳税款消费品,为应当缴纳税款消费品的销售数量;其二,自产自用应当缴纳税款消费品的,视为销售应税消费品,为应税消费品的销售数量;其三,委托加工应当缴纳税款消费品的,为纳税人收回的应当缴纳税款消费品数量;其四,进口的应当缴纳税款的消费品,为海关审核确定的应当缴纳税款消费品进口征税数量。

2.计量单位的换算标准

对于黄酒来讲,1吨=962升;对于啤酒来讲,1吨=988升;对于汽油来讲,1吨=1 388升;对于柴油来讲,1吨=1 176升;对于航空煤油来讲,1吨=1 246升;对于石脑油来讲,1吨=1 385

升;对于溶剂油来讲,1吨=1 282升;对于润滑油来讲,1吨=1 126升;对于燃料油来讲,1吨=1 015升。

(三)从价从量复合计征

现行消费税的征税领域中,只有那些卷烟、粮食白酒以及薯类白酒使用复合计征方法。应当缴纳税款数额等于应当缴纳税款销售总量与定额税率的乘积,然后加上应当缴纳税款销售总额与比例税率的乘积。生产销售那些卷烟、粮食白酒以及薯类白酒从量定额计算税款依据为具体销售数量。进口、委托加工处理、自产自用卷烟、以各种粮食为原料的白酒以及薯类白酒从量定额计算税款依据分别为海关审核确定的进口征收税款数量、委托方所收回的数量加上移送使用数量。

(四)计税依据的特殊规定

应当缴纳税款消费品计税价格明显过低同时没有正当理由的,税务机关拥有权力审核明确其计税价格。而应当缴纳税款消费品计税价格的审核确定权力有以下两个规定:其一,卷烟、白酒以及小汽车的计税价格通过国家税务总局审核确定,送到财政部门备案;其二,其他应当缴纳税款消费品的计税价格通过省、自治区以及直辖市国家税务局审核确定。进口应当缴纳税款消费品的计税价格通过海关审核确定。

(五)应纳消费税的计算

1.生产销售环节应当缴纳消费税的计算

直接对外销售应当缴纳消费税的计算。如果使用从价定率计算方法,那么应当缴纳税款数额等于应当缴纳税款消费品的销售额与适用税率的乘积;而如果使用从量定额计算方法,那么应当缴纳税款数额等于应当缴纳税款消费品的销售总量与单位税款数额的乘积。

【例 4-1】某企业在 2017 年 5 月份销售无铅汽油 400 吨,柴油 200 吨以及溶剂油 50 吨,计算该企业应当缴纳的消费税。

应当缴纳的消费税 = 400×1 388×1.0 + 200×1 176×0.8 + 50×1 282×1.0 = 807 460(元)

而在现行消费税的征税领域中,只有那些卷烟、粮食白酒以及薯类白酒使用复合计征方法,其基本计算公式为:应当缴纳税款数额 = 应当缴纳税款消费品的销售额×比例税率 + 应当缴纳税款消费品的销售数量×定额税率。

【例 4-2】某企业属于增值税一般纳税人,2017 年 5 月份销售自己生产的甲类卷烟 400 箱,其中每一箱的出厂价格是 45 000 元(不包含税),计算该企业应当缴纳的消费税。

应当缴纳的消费税 = 400×45 000×56% + 400×150 = 10 140 000(元)

自产自用指的是纳税人生产应当缴纳税款消费品之后,并非用在直接对外销售方面,而是用在自己连续生产应当缴纳税款消费品或用在其他方面。其中,纳税人自产自用的应当缴纳税款消费品,用在持续生产应当缴纳税款消费品的,不需要纳税。如果纳税人自产自用的为应当缴纳税款的消费品,除了用在连续生产应当缴纳税款消费品之外,凡是用在其他领域的,在移送使用的时候缴纳税务。这里用在其他领域则指纳税人用在生产而并非应当缴纳税款消费品、正在建设的工程、经营部门、非生产部门、提供劳务,加上用在馈赠、赞助、筹集资金、广告、样品、工作人员福利、奖励等各项领域。如果纳税人自产自用的应当缴纳税款消费品,只有用在领域应当缴纳税款的,则需要根据纳税人所生产的同种类型消费品的销售价格计算缴纳的税款。这里,同种类型消费品的销售价格则指纳税人当月所销售的销售价格,假如当月同种类型消费品每一期销售价格不一样,则需要根据销售数量加权平均计算。不过销售的应当缴纳税款消费品有以下两种情况之一的,不允许列入加权平均计算:其一,销售价格明显过低同时不具备正当理由的;其二,没有销售价格的。假如当月没有销售或者当月末完结的,需要根据同种类型消费品当月或最近几个月的销售价格计算应当缴纳的税款。

如果没有同种类型消费品销售价格的,则需要根据组成计税价格计算缴纳的税款。采取从价定率方法计算缴纳税款的组成计税价格具有以下计算公式:

组成计税价格=(成本+利润)÷(1-比例税率)

应当缴纳税款数额=组成计税价格×比例税率

而采取复合计税方法计算缴纳税款的组成计税价格具有以下计算公式:

组成计税价格=(成本+利润+自产自用数量×定额税率)÷(1-比例税率)

应当缴纳税款数额=组成计税价格×比例税率+自产自用数量×定额税率

以上公式中的"成本",则是指应当缴纳税款消费品的产品生产成本。这里的"利润"则指根据应当缴纳税款消费品的全国平均成本利润率所计算出的利润。应当缴纳税款消费品的全国平均成本利润率需要通过国家税务总局给予确定。

2.委托加工环节应当缴纳税款消费品需要上交消费税的计算

(1)委托加工应当缴纳税款消费品的确定。所谓委托加工的应当缴纳税款的消费品则指通过委托方供应原料和主要材料,受托方仅仅收取一些加工费和代替垫付一些辅助材料加工处理的应税消费品。那些通过受托方供应原材料生产的应当纳税的消费品,抑或是受托方首先把原材料卖给委托方,接着接受加工处理的应当纳税的消费品,加上由受托方通过委托方名义购进原材料所生产的应当纳税的消费品,无论纳税人在财务方面是否进行销售处理,均不允许作为委托加工应当纳税的消费品,而是应当根据销售自己制定应当纳税消费品上交消费税。

(2)代收代缴税款的规定。对于委托加工的应当纳税的消费品来讲,除了受托方为个人之外,由那些受托方在对委托方上交

第四章 企业其他税种的税务会计实务处理

货物的时候代收代缴税款。委托加工处理的应当纳税的消费品，委托方收回之后直接销售的，不需要再次上交消费税；如果委托方用在连续生产应当纳税消费品方面的，所需要缴纳税款数额允许根据规定抵扣。所纳税款准予按规定抵扣。对于委托个人加工处理的应当纳税的消费品，需要由委托方收回之后上交消费税。

（3）组成计税价格以及应当缴纳税款数额的计算。委托加工处理的应当缴纳税款的消费品，根据受托方的同种类型消费品的销售价格计算所缴纳的税款，同种类型消费品的销售价格则指受托方（也就是代收代缴义务人）当月所销售的同种类型消费品的销售价格；假如当月同种类型消费品当期销售价格各不相同，应当根据销售数量加权平均计算。不过销售的应当缴纳税款的消费品具有以下两种情况之一的，不允许列入加权平均计算：其一，销售价格明显过低同时不具备正当理由的；其二，没有销售价格的。

假如当月没有销售或当月完结，需要根据同种类型消费品上个月或最近几个月的销售价格计算所缴纳的税款。没有同种类型消费品销售价格的，根据组成计税价格计算纳税。如果使用从价定率办法计算缴纳税款，那么组成计税价格计算公式为：

组成计税价格＝（材料成本＋加工费）÷（1－消费税比例税率）

如果使用复合计税办法计算缴纳税款，那么组成计税价格计算公式为：

组成计税价格＝（材料成本＋加工费＋委托加工数量×定额税率）÷（1－消费税比例税率）

需要注意的是，公式中的"材料成本"则指委托方所供应的加工原材料的实际成本，增值税税款排除在外。"加工费"则指受托方加工处理应当缴纳税款消费品对委托方所收取的所有费用（包含代替垫付一些辅助材料的实际成本，并不包含增值税税款在内）。

3.进口环节应当缴纳税款消费品应纳消费税的计算

如果进口了应当纳税的消费品,需要在报关进口的时候上交消费税;进口的应当纳税消费品的消费税通过海关代征;进口的应当纳税的消费品,通过进口人抑或是其代理人向报关地方海关申请上报纳税;纳税人进口需要纳税的消费品,需要自海关填写海关进口消费税专业缴款书那天起15天之内上交消费税。

纳税人进口应当缴纳税款的消费品,根据组成计税价格和适用的税率计算应当缴纳税款的数额。使用从价定率办法计算缴纳税款,那么组成计税价格计算公式为:

组成计税价格=(关税完税价格+关税)÷(1-消费税比例税率)

使用复合计税办法计算缴纳税款,那么组成计税价格计算公式为:

组成计税价格=(关税完税价格+关税+进口数量×消费税定额税率)÷(1-消费税比例税率)

每个企业在计算和上交消费税的时候,需要设置"应缴纳的税费——应缴纳的消费税"科目。这一科目的借方登记企业事实上所上交的消费税税额和用于抵扣的消费税税额;而贷方在登记企业由于生产和进口应当缴纳税款的消费品时需要上交消费税税额。期末贷方剩余数额彰显企业需要缴纳没有缴纳的消费税,而期末借方剩余数额则彰显了企业多缴纳或用于抵扣的消费税。

【例4-3】2017年8月某企业(增值税一般纳税人)具有以下业务:9月6日销售企业所生产的整套产品为1 000套,增值税专用发票标明价款(不包含税)为500 000元,适用的增值税税率为17%,适用的消费税税率为30%,款项还没有收到。这一批产品成本为250 000元。该企业在9月13日委托某加工贸易企业加工处理一批香料,由该加工贸易企业供应所需要的重要材料,所发出的材料成本达到300 000元,支付加工费用达到50 000元,此香料在9月20日收回之后用于生产产品,适用的增值税税率为17%,

适用的消费税税率为30%。月末该企业将该化妆品4 000套全部销售成功,获得收入1 000 000元(不包含税),款项收存银行。该企业在9月15日从其他国家进口产品一批,关税完税价格是1 400 000元,适用的关税税率为50%,使用的增值税税率为17%,使用的消费税税率为30%,产品已经验收入库,款项已支付。

假设期初没有上交的消费税税额达到50 000元,本期预上交消费税税款达到280 000元。

该企业消费税计算如下:

销售整套产品需要缴纳的税款=500 000×30%=150 000(元)

委托加工业务:

组成计税价格=(300 000+50 000)÷(1-30%)=500 000(元)

应当缴纳的消费税=500 000×30%=150 000(元)

化妆品进口关税=1 400 000×50%=700 000(元)

化妆品进口环节消费税=(1 400 000+700 000)÷(1-30%)×30%=900 000(元)

第二节 所得税的税务会计实务处理

2017年3月5日,国务院总理李克强做了2017年《政府工作报告》,不少项"减税降费"新举措出台,并扩大享有"减半征收企业所得税优惠"的小型微型企业范围,每年应当纳税所得额上限从30万元上升到50万元。这一新闻引起很多人的关注,那么究竟什么是所得税,所得税所应缴纳金额的计算与会计处理方法是什么呢?下文将给予阐述。

一、企业所得税概述

所谓企业所得税则指对企业就来自中国境内、境外生产经营管理所得和其他所得缴纳的一种税收。企业所得税属于国家参与企业利润分配的一种比较规范的形式,是目前我国重要的一种税收类型。

(一)企业所得税的纳税人

在中国境内,企业和其他获得收入的组织(下文统称企业)属于企业所得税的纳税人,遵循《中华人民共和国企业所得税法》中的规定缴纳企业所得税。对于个人独资企业、合伙企业来讲,其不需要缴纳企业所得税。

而企业所得税的纳税人可以划分成两种类型,一种是居民企业,另一种是非居民企业,它们所承担的纳税义务是不一样的。如果非居民企业委托营业代理在中国境内从事生产经营管理活动的,涉及委托企业或个人常常代其签订合同,加上储存、交付产品等,则说明以上营业代理人归到非居民企业在我国境内建立的机构与场所范畴。

(二)企业所得税的征税对象

所谓企业所得税的征税对象则指企业的生产经营管理所得、其他所得以及清算所得,涉及两种来源方式,一种是中国境内所得,另一种是境外所得。

1.居民企业的征税对象

居民企业将那些来自中国境内、境外的所得视作其征税对象。需要注意的是,这里所讲的所得包含很多渠道,如销售产品所得、提供劳务所得、转让财产所得、股息红利所得、利息所得、租金所得、特许权使用费所得、接受捐赠所得和其他所得。

2.非居民企业的征税对象

非居民企业在中国境内所开设的机构、场所,需要针对其所开设的机构、场所取得的来自中国境内的所得,以及虽然发生在中国区域内但是同它们所创办的机构、场所之间并没有实际关联的所得,缴纳一定的企业所得税;而对于那些非居民企业在中国境内没有开设机构、场所的,抑或是虽然开设机构、场所,但是所获得的与其所创办的机构、场所并没有实际关联的,则必须就其来自中国区域内的所得缴纳一定的企业所得税。

3. 所得来源的确定

其一,凭借销售商品所获得的收入需要依据具体的交易场所给予确定。其二,凭借提供劳务所获得的收入需要具体的劳务场所给予确定。其三,凭借转让财产所获得的收入涉及三种方式,第一种方式是,凭借不动产转让所获得的收入需要依据具体的不动产场所给予确定;第二种方式是,凭借动产转让所获得的收入需要具体的转让动产的企业、单位及其场所给予确定;第三种方式是,凭借权益性投资资产转让所获得的收入需要依据被投资企业实际场所给予确定。其四,凭借股息、红利等一系列权益性投资所获得的收入必须依据分配所得的实际企业场所给予确定。其五,凭借利息、租金以及特许权所获得的收入必须依据负担、支付所得的企业、单位以及具体场所给予确定,也可以依据承担、支付所得的个人的实际具体场所给予确定。其六,凭借其他方式所获得的收入则必须由国务院财政、税务主管部门给予确定。

(三)企业所得税的税率

企业所得税的税率分为两种,一种是基本税率,即25%;另一种是优惠税率,有15%和20%两档形式。其中,适用于15%优惠税率的企业仅仅局限于那些作为国家重点扶持对象的高新技术企业。而适用于20%优惠税率的企业包含两种,一种是符合各项条件的小型微利企业;另一种是在中国境内没有开设机构、场所的非居民企业抑或是虽然开设机构、场所不过所获得的收入同其所开设的机构、场所之间并没有产生实际关联的非居民企业。

(四)应纳税所得额的确定

应纳税所得额成为企业所得税的一项重要的计税依据。应纳税所得额计算时采取权责发生制原则,对于当期的收入和费用来讲,不管款项有没有已经支付,它们均属于当期的收入和费用范畴;对于不是当期的收入和费用来讲,即使它们已经存入了当期收入之中,依然不视作当期的收入和费用。依据企业所得税法中的规定,企业每一缴纳税收年度的收入总额,减去不征税收入、减去免税收入、减去各项扣除、再减去允许弥补的以前年度亏损之后的余额,其实就是所应当缴纳税收所得额。其基本计算公式如下:

应纳税所得额 = 收入总额 − 不征税收入 − 免税收入 − 各项扣除 − 以前年度亏损

1. 收入总额

企业的收入总额包含通过货币形式和非货币形式从多种来源所获得的收入。具体包括销售产品收入、提供劳务收入、转让财产收入、股息、红利等诸多权益性投资收益、利息收入、租金收入、特许权使用费收入、接受捐赠收入和其他收入。

纳税人获得收入的货币形式主要包括现金、存款、应当收取的账款、应当收取的票据、已经准备持有至到期的债券投资加上债务的豁免等;纳税人所获得收入的非货币形式通常包括固定资产、生物资产、隐性资产、股权投资、存货、不准备持有至到期的债券投资、劳务加上有所关联的权益等,以上这些非货币形式所获得的收入,需要根据公允价值进行确定收入额。所谓公允价值则指根据市场价格进行确定的价值。

2. 不征税收入和免税收入

(1)不征税收入。对于不征税收入来讲,它们并不属于凭借营利性活动所获得的收入,其实它是专门致力于某些特定目的的收入。而从企业所得税原理的角度来看,这些收入并不在征税范围之内。它主要包括三种形式,第一种是财政拨款;第二种是不仅遵循法律规定收取同时归财政部门管理的行政事业性质的收费以及政府性基金;第三种是国务院规定的其他并没有征收税收的收入。

(2)免税收入。免税收入属于纳税人应当缴纳税收收入的一项关键的组成部分,它其实是国家为了达成一部分经济和社会目标,在规定的时间内或对规定的项目所实现的经济收入予以的税收优惠照顾,然而在一定时间之内存在有可能恢复征税的收入。它包含四部分:第一部分是国债利息收入;第二部分是符合各项规定的居民企业之间的股票利息、盈利利润等一部分权益性投资所获得的收入收益;第三部分是在中国区域内所创办的机构、场所的非居民企业在居民企业中所获的收入同该机构、场所均不涉及实际关联的股票利息、利润等一些权益性投资收益(需要注意的是,这里不涉及连续持有居民企业全面公开发行与此同时上市流通的股票尚未到12个月所获得的投资收入);第四部分是符合各项规定的非营利组织的收入。

这里有必要说明的是,符合各项规定的非营利组织必须符合以下规定:第一,遵循法律规定办理非营利组织登记手续;第二,从事公益性抑或是非营利性活动;第三,所取得的收入除了用在同该组织具有实际联系的、符合常理的支出之外,每一笔收入均用在登记、审查、核实、确定或规章制度所规定的公益性事业(也称作非营利性事业);第四,财产及其孳息不用在分配上;第五,根据等级审核确定和规章制度规定,这项组织在注销后所剩余的财产使用在公益性事业(也称作非营利性事业)方面,加上通过登记管理部门授权予以与这项组织性质、指导思想完全相同的组织,同时给予社会公示;第六,投入人员针对所投入这项组织的财产并不拥有每一笔财产权利;第七,企业职工的工资、福利消费如果属于规定的比例范围内,那么这些工作人员不变相分配此组织的财产。

以上与符合各项规定的(公益性组织)非营利组织的收入并不涉及(公益性组织)非营利组织开展营利性活动所实现的收入,但是国务院财政部门、税务管理部门给予额外规定的排除在外。

3. 各项扣除的确定

(1)扣除项目的范围。企业实际发生的同获得收入有所关联的合理支出,主要涉及成本、费用、税金、损失以及其他支出,允许在计算应当缴纳税收所得额的时候扣除。而企业实际发生的同获得收入有所关联的、合理的支出具体来讲包含:其一,成本,指企业在从事生产经营活动过程中发生的销售成本、已售商品成本、业务支出等耗费;其二,费用,指企业在从事生产经营活动过程中发生的销售费用、经营管理费用和财务费用,排除已经计入成本中的相关费用;其三,税金,指企业在从事生产经营活动过程中排除企业所得税和可以抵扣的增值税在内的多项税金及其附加;其四,损失,指企业在从事生产经营活动过程中发生的固定资产和储备货物的盘亏、毁坏、破损、报损、报废损失,转让财产损失,呆账损失,坏账损失,自然灾害等诸多不可抗力因素所引起的损失以及其他损失。这里,企业在从事生产经营活动过程中发生的损失,去掉责任人赔偿和保险赔款之后的剩余总额,则根据国务院财政、税务主管部门的相关规定进行扣除。企业已经划入损失处理的资产,在之后缴纳税收年度完全收回或者一部分收回的时候,则需要计入当期收入中;其五,其他支出,则指排除成本、费用、税金以及损失在外,企业在生产经营管理活动过程中发生的与生产经营管理活动有所关联的、合理的支出。

在实际工作中,计算应当缴纳税收所得额的时候还需要注意以下三个方面的内容:其一,企业发生的支出需要将收益性支出和资本性支出区别开来。其中收益性支出在发生当期就已经给予直接扣除;而资本性支出需要分期扣除或者计入相关资产成本中,不允许在发生当期就给予直接扣除。其二,企业的不征税收入如果用在支出所形成的费用抑或是财产方面,不允许扣除或者计算相应的折旧以及摊销扣除。其三,除企业所得税法实施条例另有规定外,企业在从事生产经营活动过程中所发生的成本、费用、税金、损失等支出,不允许重复扣除。

(2)扣除项目的标准。在计算应当缴纳税收所得额的时候,以下项目可以根据实际发生额或者相关规定给予扣除。

第一,工资、薪金支出。企业实际发生的合理的工资薪金支出,应当依据实际情况给予扣除。

第二,职工福利费、工会经费、职工教育经费。企业实际发生的职工福利费用支出,小于工资薪金总额14%的那一部分,允许对其扣除。企业拨缴的工会经费,小于工资薪金总额2%的那一部分,准予对其扣除。除了国务院财政、税务主管部门另有规定之外,企业在从事生产经营活动过程中所涉及的职工教育经费支出,小于工资薪金总额2.5%的那一部分,则应当给予扣除;高于工资薪金总额2.5%的那一部分,则应当在以后纳税年度结转时对其扣除。

第三,社会保险费。企业根据国务院相关主管部门或者省级人民政府所规定的范围和标准为工作者所缴纳的基本养老保险费用、基本医疗保险费用、失业保险费用、工伤保险费用、生育保险费用等诸多基本社会保险费以及住房公积金,允许对其扣除。企业为那些投资者或者工作者所缴纳的补充养老保险费用、补充医疗保险费用,在国务院财政、税务主管部门所规定的范围和标准之内,允许对其扣除。排除企业根据国家相关规定为特殊工种职工所缴纳的人身安全保险费用以及国务院财政、税务主管部门所规定能够扣除的其他商业保险费在外,企业为投资者或者工作者所缴纳的商业保险费,不允许扣除。如果企业参加财产保险,遵循相关规定缴纳的保险费,那么允许对其扣除。

第四,借款费用。每个企业在生产经营管理活动过程中发生的合理的不需要进行资本化的借款费用,允许对其扣除。

第五,利息费用。其一,非金融企业向那些金融企业借款的利息费用、金融企业的每一项存款利息费用和同业拆借利息费用、企业经过审核批准发行债券的利息费用可以依据实情对其扣除。其二,非金融企业向那些非金融企业借款的利息费用,小于根据金融企业同期同种类型贷款利率计算的数额的那一部分可以依据实情对其扣除,高于计算数额的那一部分禁止扣除。

第六,汇兑损失。

第七,业务招待费。企业在从事生产经营活动过程中发生的与生产经营管理活动有所关联的业务招待费支出,依据发生额的60%进行扣除,但最高得小于或等于当年销售(营业)收入总额的5‰。

【例4-4】某企业在2017年产品销售收入达到1 400万元,服务收入达到220万元,业务招待费开支达到70万元,所得税之前允许扣除的业务招待费如下:

允许扣除的业务招待费=70×60%=42(万元)

(1 400+220)×5‰=8.1(万元)

因此,该企业实际可扣除的业务招待费是8.1万元。

第八,广告费和业务宣传费。企业在从事生产经营活动过程中发生的符合标准的广告费和业务宣传费用支付,除国务院财政、税务主管部门另有规定之外,小于或等于当年销售(营业)收入总额15%的那一部分,应当允许对其扣除;高出的那一部分,同意在以后纳税年度结转的时候进行扣除。

第九,环境保护专项资金。企业遵循法律、法规、政策相关规定提取的用在环境保护、生态恢复等诸多方面的专项资金,同意对其扣除。以上所提到的专项资金提取之后更改用途的,不允许扣除。

第十,租赁费。企业依据生产经营管理活动的需求租入固定资产缴纳的租赁费,遵循以下的方法扣除:其一,通过经营租赁方式租入固定资产所引起的租赁费支出,根据租赁期限均匀进行扣除;其二,采取融资租赁方式租入固定资产所引起的租赁费支出,根据规定形成融资租入固定资产价值的那一部分需要提取折旧费用,分期进行扣除。

第十一,劳动保护费。由于工作需要为工作人员配备工作服、口罩、手套、安全保护用品等产生的支出,准予扣除。

第十二,公益性捐赠支出。企业在从事生产经营活动过程中所产生的公益性捐赠支出,小于或等于年度利润总额12%的那一部分,允许对其扣除。

需要注意的是,公益性捐赠指企业凭借公益性社会团体抑或是县级以上人民政府以及部门,用在《中华人民共和国公益事业捐赠法》所规定的公益事业的捐赠。这里的公益性社会团体,则指同时符合以下九个条件的基金会、慈善组织等诸多社会团体:其一,合法登记,具备法人资格;其二,致力于发展公益事业,不以营利为目的;其三,所有资产以及增值属于该法人所有;其四,收益和营运结余通常用在与该法人设立目的相符的事业;其五,任何人或营利组织均不能享有终止之后的剩余财产;其六,不经营管理同其设立目的有所关联的业务;其七,具有完善的财务会计制度;第八,捐赠者不通过任何形式进行社会团体财产的分配;第九,国务院财政、税务主管部门与国务院民政部门等一些登记管理部门规定的其他条件。

【例4-5】某企业在2016年度会计利润达到40万元,经过审核,这一年"营业外支出"账户里列支了借助当地教育部门和民政部门对农村义务教育捐赠的费用为6万元、对贫困山区捐赠的费用为9万元。除此之外,没有其他纳税调整事项。那么该企业本年应当缴纳的所得税额为:

扣除限额=40×12%=4.8(万元)

应当缴纳的所得税额=(40+6+9-4.8)×25%=12.55(万元)

第十三,相关资产的费用。企业转让多种类型固定资产所涉及的费用,允许对其扣除。企业根据规定所计算出的固定资产折旧费、隐形资产的摊销费,允许对其扣除。

第十四,总机构分摊的费用准予扣除。

第十五,资产损失。也就是企业清理、核对资产所查出的在基准日以前已经发生的多项财产损失和以前年度的经营潜亏加上资金挂账等准予扣除。

第十六,其他项目。诸如会员费用、合理的会议费用、出差旅游费用、违约资金、诉讼费用等准予扣除。

(3)不得扣除的项目。在计算应当缴纳所得额的时候,以下之处不允许扣除:其一,对投资者所缴纳的股息、红利等诸多权益性投资收益款项;其二,企业所得税税款;其三,税收滞纳金;其四,罚金、罚款和那些被没收财产货物的损失;其五,不在规定标准之内的捐赠支出;其六,赞助支出,指企业发生的与生产经营活动没有关联的各种各样非广告性质的支出;其七,没有经过核查确定的准备金支出,指违反国务院财政、税务主管部门相关规定的每一项资产减值准备、风险准备等诸多准备金支出;其八,企业间缴纳的管理费用、企业内营业单位之间缴纳的租金和特许权使用费用,加上非银行企业内经营单位之间所缴纳的利息,不允许将其扣除;其九,与取得收入没有联系的其他支出。

(五)亏损弥补

企业在从事生产经营活动过程中发生的年度亏损,能够使用下一纳税年度的所得进行弥补,假如下一年度的所得金额还不足以弥补的,则能够每一年延续弥补,不过最长应小于或等于5年。除此之外,企业在汇集数据计算企业所得税的时候,其境外营业单位的亏损不允许用于抵减境内营业单位的盈利。

而亏损弥补期需要从亏损年度之后第一年算起,在连续五年内不管是盈利抑或是亏损,均应当视作实际弥补年限计算。如果五年之内再次发生年度亏损,那么也需要从亏损年度之后的连续一年算起,先亏损先弥补,根据顺序连续计算出弥补亏损期限,禁止把所有亏损年度的亏损相加在一起和连续弥补期相加在一起,更禁止断开计算。

【例4-6】假设某企业在2007—2016年的盈亏状况如表4-2所示。

表 4-2　某企业在 2007—2016 年的盈亏状况

年度	2007	2008	2009	2010	2011	2012	2013	2014	2015	2016
亏损状况	50	−80	15	30	25	−15	5	25	40	22

2007 年企业盈利为 50 万元,需要缴纳税收。2008 年的亏损弥补期为 2009—2013 年,可以依次使用 2009 年、2010 年、2011 年和 2012 年的盈利进行弥补,没有弥补完的亏损则需要在以后年度使用税后利润进行弥补。2012 年的亏损能够使用 2014 年的利润进行弥补,弥补亏损之后剩余的利润需要依据法律纳税。2015、2016 年度所获得的利润需要根据相关规定依法缴纳税收。

(六)税收优惠

企业所得税法规定有很多税收优惠方式,主要有免除税收、减免税收、加计扣除、加速折旧、减计收入、税额抵消减免等。

1.免征与减征优惠

企业的以下所得,能够免除应当征收的或者减少应当征收的企业所得税。一个企业如果从事那些国家限制和禁止开发、发展的项目,无法享有企业所得税优惠。

(1)从事农业、林业、牧业以及渔业项目的所得。企业从事农业、林业、牧业以及渔业项目的所得,涉及两部分,一种是免征,另一种是减征。

企业从事以下项目的所得,免除应当征收的企业所得税:其一,蔬菜、谷类、薯类、油类、豆类、棉花、麻类、糖类、水果、坚果的种植;其二,农作物新品种的选择培育;其三,中药材的种植;其四,林木的栽培;其五,牲畜、家禽类的饲养;其六,林产品类的采集;其七,灌溉、农产品初加工、动物医生、农业技术推广、农机作业和修理等诸多农业、林业、牧业以及渔业项目;其八,远洋捕捞。

企业从事以下项目的所得,应当征收的企业所得税可以减免一半:其一,花卉、茶类以及其他饮品原料和植物香料的种植;其二,水中养殖、陆地养殖。

(2)从事作为国家重点扶持对象的公共基础设施项目经营管理所得。企业从事作为国家重点扶持对象的公共基础设施项目投资经营管理的所得,自从项目获得首笔生产经营管理收入所属缴纳税收年度开始,第1年至第3年期间免除征收企业所得税,而在第4年至第6年期间则对企业所应当缴纳的税收减去一半。

企业承包经营管理、承包建设以及内部自己建设自己使用本条例所规定的项目,不允许享受本条例所规定的企业所得税优惠政策。

(3)从事符合各项条件的环境保护、节约能源、节约水资源项目的所得。企业从事符合各项条件的环境保护、节约能源、节约水资源项目的所得,自从项目获得首笔生产经营管理收入属于缴纳税收年度开始,第1年至第3年期间免除征收企业所得税,而在第4年至第6年期间对企业应当缴纳的税收给予减去一半。

(4)符合各项条件的技术转让所得。在《企业所得税法》中提到,符合各项条件的技术转让所得免去征收、减少征收企业所得税,则指在一个应当缴纳税收年度期间,居民企业技术转让所得小于或等于500万元的那一部分,免去征收企业所得税;如果高于500万元的那一部分,则对企业所得税给予减去一半。

2. 高新技术企业优惠

对于那些属于国家重点扶持对象的高新技术企业,国家可以减征,根据15%的税率缴纳企业所得税。

3. 小型微利企业优惠

小型微利企业减征,依照20%的税率缴纳企业所得税。所谓小型微利企业,则指从事国家没有限制和禁止行业,同时符合以下两个条件的企业:其一,工业企业,年度所应当缴纳税收所得额小于或等于30万元,从业人员总数小于或等于100人,资产总额小于或等于3 000万元;其二,其他企业,年度所应当缴纳税收总额小于或等于30万元,从业人员总数小于或等于80人,资产总额小于或等于1 000万元。

4.非居民企业优惠

非居民企业减征,依照10%的税率缴纳企业所得税。与此同时,以下三个方面的所得能够享受免除征收企业所得税:其一,其他国家政府为我国政府提供贷款业务所获得的利息所得;其二,国际金融组织为中国政府和居民企业提供优惠性贷款业务所获得的利息所得;其三,经国务院审核获准的其他所得。

(七)企业所得税的纳税期限

企业所得税根据年份计征,分月份或分季度缴纳税收,年末汇总清算已经缴纳或未缴纳的税收,多退少补。企业所得税的缴纳税收年度自公历1月1日开始截至12月31日。企业无论是在一个缴纳税收年度中间开业,还是中止经营管理活动,使该缴纳税收年度的具体经营时间少于十二个月的,则需要将具体经营时间作为一个缴纳税收的年度。企业依据法律清算的时候,需要将清算时间视作一个缴纳税收的年度。

自从年度终了的那天起5个月之内,去税收机关报告并送交年度企业所得税上交税收申报表,同时汇总清算已经缴纳或未缴纳的税收,结清应缴应退税款。如果企业在年度中间不再经营管理,需要自具体经营终止那天起60天之内,去税收机关办理这期间所得税给予汇算清缴。

二、所得税会计处理方法

所得税会计处理方法按是否确认时间性差异对所得税的影响分为应付税款法、纳税影响会计法。纳税影响会计法按税率变动时是否影响递延税款分为递延法和债务法。债务法又分为利润表债务法和资产负债表债务法。

(一)应付税款法与纳税影响会计法

1. 应付税款法

应付税款法是将本期税前会计利润与应税所得之间产生的差异均在当期确认所得税费用的会计处理方法。其基本观点是,所得税只来源于应税收益,即只有当经济事项的所得与确定该期的应税收益结合起来才产生所得税。所得税是因本期收益而发生的法定费用,与以后各个期间的收益无关,按收付实现制原则,理应由本期收益负担。

应付税款法按应税所得计算所得税费用,使本期所得税费用的发生额与本期应交税款相同,其计算方法简单;但是应付税款法对暂时性差异所产生的所得税影响金额,在报表中不单独反映为一项资产或负债,在会计制度和税法存在较大差异的情况下,如存在大额超过税法规定的工资费用、业务招待费等,则会导致其计算出的所得税费用与按会计制度计算的所得税费用存在较大差异,从而不能真实地反映企业的财务状况和经营成果。

2. 纳税影响会计法

纳税影响会计法则是将本期时间性差异的所得税影响金额,递延和分配到以后各期的会计处理方法。纳税影响会计法的基本观点是,在交易或事项影响会计报表收益的期间,应当确认同期对所得税费用的纳税影响。所得税是由交易或事项引起的,一个时期的经营成果与所得税有密切关系,因此,当交易或事项产生会计收益时,应于同期确认所得税费用,以遵循配比原则。

纳税影响会计法认为会计利润与应税所得之间的差异可分解为永久性差异和暂时性差异。永久性差异形成的主要原因是会计准则与税法对收益、费用和损失的确认标准不同,这种差异不会随时间的流逝而变化,也不会在以后期间转回。所以,在核算中只能在本期确认永久性差异。暂时性差异是资产负债表中一项资产或负债的账面金额与其计税基础之间的差额。在以后的会计期间，暂时性差异会转回，其对纳税的影响也会消除。所以，所得税费用可以采用跨期摊配的方法，把税法对本期所得税费用和税后利润的影响降到最低程度。在计算所得税费用时，不必调整暂时性差异，只需在会计利润的基础上调整永久性差异，再乘所得税税率即可。

纳税影响会计法将本期暂时性差异的所得税影响金额，递延和分配到以后各期。采用该方法，所得税被视为企业在获得收益时发生的一种费用，并随同有关的收入和费用计入同一期间，符合权责发生制原则和收入与费用的配比原则。但是，相对应付税款法纳税而言，纳税影响会计法对暂时性差异的计算和确认工作量比较大，对会计人员的素质要求也较高。

(二)递延法与债务法

1.递延法

递延法是把本期由于暂时性差异而产生的影响所得税的金额，递延和分配到以后各期并同时转回原已确认的暂时性差异对本期所得税影响金额的一种方法。当税率变更或开征新税时，不需要调整由于税率的变更或新税的征收对"递延税款"余额的影响。

递延法的特点主要有以下两个：一是在开征新税和税率变动时，不需对递延所得税资产或递延所得税负债的余额进行调整；二是本期发生的暂时性差异影响的纳税金额，用现行税率计算，以前发生而在本期转销的各项暂时性差异对所得税的影响用当初的税率。递延法由于不因以后税率的变动做出调整，因而具有相对容易的特点。

但是递延法也有着明显的不足：当税率变更或开征新税时，历史税率已同现行税率不相关，所以资产负债表上列示的递延所得税资产或递延所得税负债余额并不代表按现行税率计算的企业应付或应退还的所得税金额。

2. 债务法

债务法是把本期由于暂时性差异而产生的影响所得税的金额,递延和分配到以后各期并同时转回原已确认的暂时性差异对本期所得税影响金额,在税率变动或开征新税时需要调整递延税款账面余额的一种方法。

债务法的特点主要有以下两个:一是暂时性差异对所得税的影响金额在资产负债表上表现为将来应付税款的债务或代表预付未来税款的资产;二是本期发生或转销的暂时性差异对所得税的影响金额及递延所得税资产或递延所得税负债的余额均用现行税率计算、调整。

与递延法相比,债务法更强调资产负债表数字的真实性,其科学性更强。

(三)利润表债务法与资产负债表债务法

1. 利润表债务法

利润表债务法将时间性差异对未来所得税的影响看作对本期所得税费用的调整,当预期税率或税基发生变动时,必须对已发生的递延税款按现行税率进行调整。

利润表债务法下,会计目标主要是为评价企业受托责任提供信息,由此决定了财务会计报告的重心是反映已实现收入、费用的利润表。利润表债务法依据"收入费用"观定义收益,强调收益是收入与费用的配比。从而注重的是收入与费用在会计与税法中确认的差异,这是典型的会计利润观。以利润表中的收入和费用项目为着眼点,逐一对收入和费用项目在会计和税法上的时间性差异进行确定,并将这些差异对未来的影响看作对本期所得税费用的调整。其计算会计收益中所有收入和费用对所得税的影响,并以所得税费用列示在利润表上,递延所得税则是会计所得税费用与税法应交所得税相对比的结果。利润表债务法下,资产计价依照历史成本原则,收益的确认依据实现原则。但是随着资本市场的发展,公司股权日益分散,会计目标在业绩评价外,更应为会计信息使用者提供决策相关信息,仅依据历史成本和实现原则提供的会计信息可如实反映过去,但无法预测未来。历史成本无法体现资产的本质属性,即资产的价值不在于生成资产的要素的成本,而在于其预期经济利益的现值。

利润表债务法使用"递延税款"概念,把"递延所得税资产"和"递延所得税负债"合并为"递延税款"科目进行核算,其借方余额和贷方余额分别代表预付所得税和应付所得税在资产负债表上作为一个独立项目反映,这就将资产与负债的内涵进行了混淆。在会计实务中,当企业有多项暂时性差异时,这些暂时性差异发生的时间和转销时跨越的时间往往不一致,如果综合反映在递延税款账户上,就难以清晰地显示特定暂时性差异的确认和转回过程。因此,必须分类、分项纪录和反映时间性差异的确认和转回。

利润表法下的递延所得税余额,是可抵减和应纳税时间性差异发生转回借记、贷记相比的结果,无法准确反映资产和负债。利润表债务法是从利润表出发核算递延所得税负债和递延所得税资产的,递延所得税余额并不表示应收或应付的项目。

2. 资产负债表债务法

资产负债表债务法是从暂时性差异产生的本质出发,分析暂时性差异产生的原因及其对期末资产负债的影响。当税率或税基变动时,必须按预期税率对"递延所得税负债"和"递延所得税资产"账户余额进行调整。

资产负债表债务法下,会计的主要目标是为决策提供相关信息,由此决定了财务会计报告的重点是反映未来经济利益流入、流出的资产负债表,资产计价引入公允价值,收益的确认既包括实现收益,又包括未实现持有利得,提供的会计信息更加相关。资产负债表债务法依据"资产负债"观定义收益,强调资产负债表是最重要的会计报表,采取这种方法可以保证企业在报告日对财务状况和未来现金流量做出恰当的评价和预测其价值,这是典型的经济利润观。资产负债表债务法以资产负债表中的资产和负债为着眼点,逐一确认资产和负债的账面金额与计税基础之间的暂时性差异,并将这些差异的未来纳税影响额确认为一项资产和负债。资产负债表债务法下,资产或负债账面金额与其税基间的差异直接形成递延所得税资产或负债的期末余额,而所得税费用依据当期应交所得税和递延所得税资产或负债的期末、期初额相比加以确定。资产负债表债务法可以帮助企业在报告日对财务状况和未来现金流量做出恰当的评价和预测其价值。

资产负债表债务法下,设置"递延所得税资产"和"递延所得税负债"两个科目,其中每户核算的内容相对独立。这就大大扩展了"递延税款"的外延,因此更具有现实意义,这种处理方法可以清晰反映企业的财务状况,有利于企业的正确决策。

资产负债表债务法下,递延所得税资产和递延所得税负债各自的性质很清晰,代表真正预交所得税资产和应交的所得税负债。资产负债表债务法是对暂时性差异进行跨期核算的会计方法。暂时性差异产生于资产和负债的账面金额与计税基础之差,因而资产负债表债务法是由资产负债表出发,据以核算递延所得税负债和递延所得税资产,必然更加符合资产和负债的定义。

三、所得税应当缴纳税额的计算与会计处理

企业所得税应当缴纳税收总额等于应当缴纳税收所得额与适用税率的乘积,然后减去减免税收额,再减去抵免税收额,也就是其基本计算公式为:

应当缴纳税收总额＝应纳税所得额×适用税率－减免税额－抵免税额

而在具体工作中,企业应当缴纳税收所得额有以下计算方法。

(一)居民企业纳税人应当缴纳税收所得额的计算

1. 直接计算法

在直接计算法下,广大居民企业每个缴纳税收年度的收入总额减去不征税收入、免税收入、其他各项扣除加上准许弥补的以前年度亏损之后的剩下余额即为应当缴纳税收所得额,其计算公式如下:

应当缴纳税收所得额＝收入总额－不征税收入－免税收入－各项扣除金额－以前年度亏损

2. 间接计算法

在间接计算法下,企业所应当缴纳税收总额等于会计利润总额加上或减去依据税法所规定调整的项目金额。也就是:

应当缴纳税收所得额＝会计利润总额±纳税调整项目金额

其中,税收纳税调整项目金额涉及两方面的内容:其一,企业的财务会计核算和税收所规定不一致的应当给予调整的金额;其二,企业根据税法所规定的允许扣除的税收金额。

(二)非居民企业纳税人应当缴纳税收所得额的计算

对于在中国境内没有开设机构、场所的,加上虽然开设机构、场所的,不过获得的所得同所开设机构、场所不存在实际联系的那些非居民企业的所得,根据以下三个方法计算应当缴纳税收所得额:其一,股息、红利等诸多权益性投资收益加上利息、租金收入、特许权使用费所得,将收入总额作为应当缴纳税收所得额;其二,转让财产所得,将收入总额减去财产净值所剩下的余额即为应当缴纳税收所得额;其三,其他所得,参考对照前两个提到的方法计算企业应当缴纳税收所得额。这里财产净值指的是财产的计税基础减去已经依照各项规定所扣除的折旧、折耗、摊销、准备金等剩下的余额。

(三)境外所得抵扣税额的计算

企业取得的以下两个方面的所得已经在境外缴纳的所得税额能够把其当期应当缴纳税收总额抵免,这里抵免限制金额上限为此项所得根据《企业所得税法》所规定计算出的应当纳税总额;高于抵免数额限定的那一部分,能够在只有五个年度之内,使用每一年度抵免数额限定抵免当年应当抵税后剩下的余额进行抵补:其一,居民企业来自中国境外的应当交税所得额;其二,非居民企业在中国境内开设机构、场所,获得位于中国境外不过与此机构、场所并不存在实际联系的应当交税所得额。

需要注意的是,已经在境外缴纳的所得税税额则指的是企业来自中国境外的所得遵循中国境外税收法律、法规以及相关政策规定应当缴纳且已经缴纳过的具有企业所得税性质的税款。

这里抵免数额限定则指企业来自中国境外的所得遵循《企业所得税法》以及相关条例的规定所计算出的应当缴纳税收总额。不包含国务院财政、税务主管部门其他规定在内,该抵免数额限定需要根据国家(区域)不分项计算,具有以下计算公式:

抵免数额限定=中国境内、境外所得遵循《企业所得税法》以及相关条例的规定所计算出的应当缴纳税收总额×来自某个国家(区域)的应当缴纳税收所得额÷中国境内、境外应当缴纳税收所得总额。

在《企业所得税暂行条例》中有着这样的规定,企业所得税根据年份计算,分月份或分基地提前缴纳。根据月份或分季度提前缴纳(通常情况下为分季度提前缴纳),年末汇算清缴所得税的会计实务处理如下所示:

第一,根据月份或季度进行计算应当预缴所得税总额:
借:所得税费用
　　贷:应当缴纳的税费——应当缴纳企业所得税

第二,缴纳季度所得税的时候:
借:应当缴纳的税费——应当缴纳的企业所得税

贷：银行存款

【例4-7】某个居民纳税企业,在2016年收入总额达到2 000万元(其中产品销售收入达到1 800万元,所购买的国债利息收入达到100万元),发生每一项成本费用总计为1 000万元,其中涉及合理的工资薪金费用达到200万元,业务招待费用达到100万元,职工福利费用达到50万元,职工教育经费达到2万元,工会经费达到10万元,税收滞纳金达到10万元,计算这个企业当年应当缴纳所得税总额。

第一,年利润总额=2 000-1 000=1 000(万元)

第二,年收入总额=2 000(万元)

这里：免税收入=100(万元)

第三,年每一项扣除调整数：

其中,业务招待费用超支额=100-9=91(万元)

而业务招待费费用数额限定=9(万元)(由于1 800×5‰=9是小于100×60%的)

而工资三项经费调整总额=(50+2+10)-[200×(14%+2%+2.5%)]=25(万元)

同时,税收滞纳金调整总额=10(万元)

第四,企业应当缴纳税所得额=1 000-100+91+25+10=1 026(万元)

第五,应当缴纳所得税总额=1 026×25%=256.5(万元)

【例4-8】某服装企业在2016年度损益类账户的有关资料如表4-3所示。

表4-3 2016年度损益类账户的有关资料(单位：万元)

行次	账户名称	本期借方发生额	本期贷方发生额
1	主营业务收入		510
2	其他业务收入		200
3	投资收益		10
4	营业外收入		25

续表

行次	账户名称	本期借方发生额	本期贷方发生额
5	主营业务成本	230	
6	企业业务成本	110	
7	销售费用	150	
8	管理费用	85	
9	财务费用	20	
10	营业税金及附加	12	
11	营业外支出	15	
合计		622	745

经过计算得出，该服装企业在2016年度会计利润达到123万元。在对该企业所获得的收入、涉及的成本费用等诸多资料给予分析研究之后，财务主管提出该企业总计具有下面几个业务有必要给予纳税调整，从而正确地计算出该服装公司在2016年度应当缴纳税收所得额：

该企业投资收益中总计获得国债利息收入6万元；

该企业销售费用中总计产生广告费用115万元；

该企业管理费用中总计产生业务招待费用30万元；

该企业年初向非金融机构借款金额为100万元，根据年利率8%计算出的利息费用总计为8万元（同一期银行贷款利率为6%）；

该企业2016年通过民政部门向困难地区捐款金额达到15万元；

该企业在本年度发生合情合理的职工薪金费用总计为70万元，职工福利费用总计为10万元，工会经费总计为2万元，职工教育经费总计为3.5万元。具体解析步骤如下：

该企业应当给予纳税调整的是：

第一，2016年国债利息收入总额为6万元免税收入，需要调整减去需要缴纳税收所得总额为6万元。

第二,广告费允许税前扣除的数额=(510+200)×15%=106.5(万元),应当缴纳税收所得额调整为115-106.5=8.5(万元)。

第三,业务招待费用扣除限定数额=30×60%=18(万元),而业务招待费用准许税前扣除的数额=(510+200)×5‰=3.55(万元),应当缴纳税收所得额调整增加为30-3.55=26.45(万元)。

第四,不允许扣除的利息支出=100×(8%-6%)=2(万元),应当缴纳税收所得额调整增加为2万元。

第五,高出标准的职工福利费用=10-70×14%=0.2(万元),高出标准的工会经费=2-70×2%=0.6(万元),高出标准的职工教育经费为3.5-70×2.5%=1.75(万元),应当缴纳税收所得额调整增加为0.2+0.6+1.75=2.55(万元)。

第六,捐赠扣除数额限定=123×12%=14.76(万元),应当缴纳税收所得额调整增加为15-14.76=0.24(万元)。

该企业本年度应当缴纳税收所得额=123-6+8.5+26.45+2+2.55+0.24=156.74(万元)。

该企业本年度应当缴纳所得税额=156.74×25%=39.185(万元)。

因此,该服装企业在2016年度应当缴纳所得税的会计处理如下(这里没有考虑该企业前三个季度提前交的所得税,同时不跨年度纳税):

借:所得税费用　　391 850
　贷:应当缴纳的税费——应当缴纳的企业所得税　391 850

并且,借:本年利润　　391 850
　　贷:所得税费用　　391 850

第三节　城镇土地使用税会计实务处理

一则新闻这样报道:"日前,某企业没有依照规定缴纳土地使用税,这一行为受到长兴岛经济区地方税务局的立案查处。最后判决结果如下,该企业依法追缴其在2016年7月至2016年12月城镇土地使用税341 910.00元,并且追缴滞纳金39 034.72元。"这则新闻引起更多的企业对城镇土地使用税的重视。可能一些人不明白什么是城镇土地使用税,城镇土地使用税所应缴纳金额的计算与会计处理方法是什么?下文将对以上问题给予探究。

一、城镇土地使用税概述

所谓城镇土地使用税则指将城镇土地作为征收税务对象,将实际占用的土地面积作为计算税款的依据,根据所规定的税收数额对拥有土地使用权的企业和个人所征收的一种税。征收城镇土地使用税,有助于凭借经济手段,增强对土地的管理,把城镇土地的无偿使用转变成有偿使用,促进科学、合理地使用土地资源,提升土地使用效益;有助于适当调整各个区域、各个地段之间级差土地使用,从而促进企业加大、增强经济核算,同时理顺国家与土地使用者之间密切的分配关系。

(一)城镇土地使用税的征税范围

城镇土地使用税的征税范围涉及在城市、县城、建制镇以及工矿区域之内的归国家所有和集体所有的土地。其中,城市则指经过国务院批准建立的市;县城则指县人民政府所处的地方;建制镇则指经过省、自治区以及直辖市人民政府批准所成立的建制镇;而工矿区则指工商业相对较发达,人口相对较集中,符合国务院各项规定的建制镇标准,不过还没有成立建制镇的大型、中型工矿企业所处的地方。工矿区必须经过省、自治区以及直辖市人民政府批准。

(二)城镇土地使用税的纳税义务人

在城市、县城、建制镇以及工矿区领域内拥有使用权的企业和个人,成为城镇土地使用税的纳税人。一般而言,城镇土地使用税的纳税人涵盖以下几个类别:其一,拥有土地使用权的企业和个人;其二,拥有土地使用权的企业和个人没有在土地所处地方的,该土地的实际使用人和代替管理的人称作纳税人;其三,土地使用权没有确定或土地使用权归属纠纷还没有解决的,其实际使用人则是纳税人;其四,土地使用权共同所有的,共同所有的各方均为纳税人,由共同所有的各方一起纳税。

(三)城镇土地使用税的税率

城镇土地使用税使用定额税率,也就是使用具有幅度的差别税额,根据大型城市、中型城市、小型城市和县城、建制镇以及工矿区分别规定每平方米土地使用税年所应当缴纳的税额。各自的标准如下所示:大型城市税额为1.5～30元;中型城市税额为1.2～24元;小型城市税额为0.9～18元;县城、建制镇以及工矿区税额为0.6～12元。

(四)城镇土地使用税的税收优惠

城镇土地使用税的法律规定减免税收优惠如下所示:其一,国家机关、人民团体以及军队各自使用的土地;其二,由国家财政部门调拨款项付给事业经费的单位自用的土地;其三,宗教寺庙、公园、风景旅游区各自使用的土地;其四,市政府街道、广场、绿化地带等诸多公共用地;其五,直接用在农业、林业、牧业以及渔业上的生产用地;其六,经过批准开山填海整治的土地和改造的废弃土地,自使用的月份开始免除缴纳土地使用税5～10年;其七,对那些不以营利为目的的医疗中心、疾病预防控制中心和妇幼保健中心等卫生机构自用的土地,免征城镇土地使用税,而那些以营利为目的的医疗机构自用的土地从2000年开始免征城镇土地使用税3年;其八,企业创办的教育机构、医院,它们的用地能够同企业其他用地明确区别开来的,免征城镇土地使用税;其九,免税单位无偿使用纳税单位的土地(例如公安、海关等诸多部门使用铁路、民航等诸多部门的土地),免征城镇土地使用税。需要注意的是,纳税部门免费使用免税部门的土地,该纳税部门应当依照规定上交城镇土地使用税。不仅如此,纳税单位与免税单位共同使用共同拥有使用权土地上的多层建筑,且对纳税单位可以根据其实际占用的建筑面积占据建筑总面积的比重计算征收城镇土地使用税;其十,对行使国家行政管理职能的中国人民银行总行(含国家外汇管理局)所属的分支机构自用的土地,免征城镇土地使用税。

二、城镇土地使用税应当缴纳税额的计算与会计处理

(一)城镇土地使用税应当缴纳税额的计税依据

城镇土地使用税将纳税人实际占用的城镇土地面积作为计算应纳税额的依据,其中,土地面积使用的计量标准为每平方米,也就是税务机关依据纳税人实际占用的城镇土地面积,根据所规定的税额来计算应当缴纳的税额,对纳税人收取镇土地使用税。这里,纳税人实际占用的城镇土地面积根据以下方法确定:其一,由省、自治区以及直辖市人民政府所规定的单位组织测量确定城镇土地面积的,把测定的面积作为标准;其二,还没有组织测量的,然而纳税人具有政府部分核实发放的土地使用证书的,则将证书上所确认的土地面积作为标准;其三,尚未核实发放土地使用证书的,需要由纳税人申请上报土地面积,据以纳税,待核发土地使用证之后再作调整。

(二)城镇土地使用税应当缴纳税额的计算

城镇土地使用税应当缴纳税额根据纳税人实际占用的城镇土地面积与此土地所在地段的适用税额乘积求得。其计算公式如下：

全年应缴纳的税额＝实际占用城镇土地面积(平方米)×适用税额

(三)城镇土地使用税会计账户设置

纳税人在计算应当上交城镇土地使用税的时候，应当操作：借记"管理费用"，贷记"应交税费"——应交土地使用税；纳税人实际上交城镇土地使用税的时候，应当操作：借记"应交税费——应交土地使用税"，贷记"银行存款"或者"库存现金"。

【例4-9】某企业在2015年占用城镇土地面积20万平方米，2016年保持现状。其中，该企业创办职工子弟学校占用土地面积为2万平方米，幼儿园占用土地面积为5 000平方米。该企业每年分两次上交城镇土地使用税。

第一，计算该企业需要缴纳的城镇土地使用税：

全年城镇土地使用税应当缴纳的税额＝(20－2－0.5)×24＝420(万元)

上半年城镇土地使用税应当缴纳税额＝420÷2＝210(万元)

第二，该企业需要缴纳城镇土地使用税的会计账务处理如下：

借：管理费用　　2 100 000
　　贷：应交税费——应交土地使用税　2 100 000
借：应交税费——应交土地使用税　2 100 000
　　贷：银行存款　　2 100 000

第四节　城市维护建设税及教育费附加会计实务

2017年,营改增背景下《中华人民共和国城市维护建设税暂行条例》及《征收教育费附加的暂行规定》中这样规定,因为城建税与教育费附加根据实际缴纳的增值税、消费税进行计算税款额,所以在增值税、消费税减免背景下,同样对城建税及教育费附加税收给予减免。对于那些因运营不周、资金陷入困境的企业来讲,这项政策不失为一个好消息。那么究竟什么是城市维护建设税及教育费附加呢?它们的计算与会计处理方法是什么?下文对以上问题给予详细探究。

一、城市维护建设税及教育费附加概述

城市维护建设税及教育费附加属于对从事工商经营管理,缴纳增值税、消费税的企业和个人进行征收的一种税和附加费。其征税范围、纳税义务人、税率、税收政策分别如下。

(一)城市维护建设税及教育费附加的征税范围

城市维护建设税以及教育费附加,属于对缴纳增值税、消费税的企业和个人征收的,它们的征税范围可以参考增值税、消费税的征税范围。

(二)城市维护建设税及教育费附加的纳税义务人

所谓城市维护建设税以及教育费附加的纳税义务人是指缴纳增值税、消费税职责的企业和个人,包含国有企业、集体企业、私营企业、股份制企业、其他企业和个体工商户及其他个人。自2010年12月1日开始,对外商投资企业、外国企业以及外籍个人征收城市维护建设税以及教育费附加。

（三）城市维护建设税及教育费附加的税率

所谓城市维护建设税的税率是指纳税人应当缴纳的城市维护建设税税额与纳税人实际缴纳的税额之间的比值。城市维护建设税根据纳税人所处地方的不同,设立了三个地区差别比例税率,也就是:其一,纳税人所处的地方为市区的,城市维护建设税的税率为7%;其二,纳税人所处的地方为县城、建制镇的,城市维护建设税的税率为5%;其三,纳税人所处的地方没有在市区、县城以及建制镇的,城市维护建设税的税率为1%。

需要注意的是,城市维护建设税的适用税率需要根据纳税人所处地方的规定税率执行。不过,对于以下两种情况,则可以根据缴纳税款所处地方的规定税率就地上交城市维护建设税:第一,由受托方委托企业和个人从事代扣代缴、代收代缴工作,它们的代扣代缴、代收代缴的实际城市维护建设税需要依据受托方所处地方的适用税率执行;第二,流动经营等诸多没有固定纳税场所的企业和个人,在经营所在地缴纳税款的,它们的城市维护建设税的缴纳需要依据经营所在地适用税率执行。目前,教育费附加的税率是3%。

（四）城市维护建设税及教育费附加的税收优惠

城市维护建设税及教育费附加属于附加税的范畴,在主税发生减免的时候,企业的城市维护建设税以及教育费附加同样相应地发生税收减免:其一,城市维护建设税以及教育费附加根据减免之后所实际缴纳的税款数额计征,也就是伴随税款的减免而相应地发生减免;其二,海关对进口产品代理征收的增值税、消费税,不需要征收企业的城市维护建设税以及教育费附加;其三,对税款采取先征后返、先征后退以及即征即退办法,不包含另有规定的,对那些随税款附征的城市维护建设税以及教育费附加,不允许对其退回或返还。

二、城市维护建设税及教育费附加应当缴纳税额的计算与会计处理

(一)城市维护建设税及教育费附加的计税依据

城市维护建设税以及教育费附加的计算税款依据,是指纳税人实际上缴纳的税款数额。纳税人依照有关规定额外收取的滞纳金和罚款,并不属于城市维护建设税以及教育费附加的计算税款依据,不过纳税人在被检查补交税款和被给予罚款的时候,应同时对其违反法律规定偷漏的城市维护建设税以及教育费附加给予补交税款、征收滞纳金和罚款。需要注意的是,城市维护建设税以及教育费附加的计算税款依据为实际上上交的增值税、消费税之和,而关税、进口过程中的增值税和消费税并不作为计算税款的依据。

(二)城市维护建设税及教育费附加应当缴纳税额的计算

城市维护建设税应当缴纳税额=(纳税人实际上缴纳的增值税+消费税)×适用税率;

教育费附加应当缴纳税额=(纳税人实际上缴纳的增值税+消费税)×3%

(三)城市维护建设税及教育费附加会计账户设置

纳税人计算应当缴纳城市维护建设税以及教育费附加的时候,应当操作:借记"税金及附加",贷记"应交税费——应交城市维护建设税","应交税费——应交教育费附加";而纳税人在实际上交城市维护建设税以及教育费附加的时候,应当操作:借记"应交税费——应交城市维护建设税","应交税费——应交教育费附加",贷记"银行存款"或者"库存现金"。

【例4-10】某企业在2017年6月份总计上交增值税总额为200万元、消费税总额为260万元和关税总额为102万元,其中,

进口过程中所缴纳的增值税总额为50万元,消费税总额为100万元。

第一,计算该企业需要缴纳的城市维护建设税以及教育费附加:

城市维护建设税应缴纳税款总额=(200+260-50-100)×7%=21.7(万元)

教育费附加的应缴纳的税款总额=(200+260-50-100)×3%=9.3(万元)

第二,该企业需要上交的城市维护建设税以及教育费附加的账务处理如下:

借:税金及附加　　310 000
　　贷:应交税费——应交城市维护建设税　　217 000
　　　　应交税费——应交教育费附加　　93 000
借:应交税费——应交城市维护建设税　　217 000
　　应交税费——应交教育费附加　　93 000
　　贷:银行存款　　310 000

本章小结

除了增值税之外,企业还存在其他税种,如消费税、所得税、城镇土地使用税、城市维护建设税及教育费附加等。本文的结构比较一致,分别探究了消费税、所得税、城镇土地使用税、城市维护建设税及教育费附加的各自概述与应当缴纳税额的计算与会计处理。其中,消费税的计算与会计处理包含从价计征、从量计征、从价从量复合计征、计税依据的特殊规定以及应纳消费税的计算;所得税的计算与会计处理包含居民企业纳税人应当缴纳税收所得额的计算、非居民企业纳税人应当缴纳税收所得额的计算以及境外所得抵扣税额的计算;城镇土地使用税的计算与会计处理包含城镇土地使用税应纳税额的计税依据、应当缴纳税额的计算以及会计账户设置；城市维护建设税及教育费附加的计算与会计处理包含计税依据、应纳税额的计算以及会计账户设置。

第五章　营改增背景下税务筹划的实务方法研究

税务筹划是企业管理的一项重要内容。通过科学的税务筹划,可以有效地降低企业税负及相关涉税风险。尤其是在营改增后,新的规定和政策使得纳税人应该更重视税务筹划,因此,税务筹划实务对纳税人来说具有重要意义,掌握税务筹划的基本理论、要点和方法十分关键。

第一节　税务筹划的基本理论

只有掌握税务筹划的基本理论,才可以在此基础上展开全面的探讨和研究。税务筹划的基本理论包括很多内容,如税务筹划的含义、意义、具体实施等都在这个范畴内。本节就税务筹划的概念、意义、实施以及节税、避税与税负转嫁等方面进行分析,以此掌握税务筹划的基本理论。

一、税务筹划的概念

西方国家的纳税人在很早以前就开始进行税务筹划,但是我国在这方面的起步比较晚,理论和实践并不充足。直至 1994 年开始实行新税制后,税务筹划才逐渐走进人们的视野,尤其是近十年来,这方面的理论和实践开始逐渐繁荣。时至今日,人们对税务筹划的关注越来越多。

虽然西方有很多专家和学者对税务筹划进行研究,但是至今并没有对"税务筹划"的定义形成一致的看法。下面介绍几种国外比较具有代表性的观点。

荷兰国际财政文献局(IBDF)编写的《国际税收辞典》中提出,税务筹划是指纳税人通过对其经营活动或个人事务活动进行科学合理的安排,从而实现缴纳最低的税收。

印度税务专家 N.J.雅萨斯威在其著作《个人投资和税务筹划》中指出,税务筹划是指纳税人对其财务活动进行科学合理的安排,从而充分地利用税法中可以进行税收减免的优惠政策,以此实现最大的税收利益。

美国南加州大学 W.B.梅格斯博士在《会计学》一书中援引了知名法官汉德的一段话:"法院一再声称,人们通过合理安排自己的活动而实现低税负的目的,是无可指责的。每个人都可以通过适当的方式这么做,无论这个人是富有还是贫穷。需要强调的是,这种做法完全正当,因为人们不需要承担超过法律规定部分的国家赋税;税收是一种强制课征,并不是靠人们自愿进行捐献的。根本不可能以道德的名义要求进行国家税收。"之后,梅格斯博士提出,人们通过合理合法地对自身的经营活动进行安排,从而实现最低的税收的方法就是税务筹划。税务筹划的目标就是实现少缴税和递延缴纳税收。他还指出,在实际纳税发生之前,通过事先系统地安排企业经营或投资行为,从而达到尽量地少缴所得税的过程,实际上就是税务筹划。

随着税制改革以及相关学者对税务筹划的研究,我国学术界也对税务筹划有了一定认识,将这些不同的认识和观点进行综合,可以得出一个关于税务筹划的定义。税务筹划是指纳税人以不违反税法及相关的法律法规作为基础,科学合理地筹划和安排企业的经营、投资、筹资活动以及企业的兼并、重组等事项,从而实现其最低税负或延迟纳税的一系列策略和行为。

二、税务筹划的意义和目标

(一)税务筹划的意义

在财务管理中,税务筹划是一项重要内容。对于我国的财务管理来说,开展税务筹划的重要意义主要体现在以下几方面。

1. 有助于提高纳税人的纳税意识

税务筹划与纳税人纳税意识的增强之间存在着客观一致性的关系,随着纳税人纳税意识的逐步提高才出现了税务筹划的蓬勃发展。虽然开展税务筹划的最初目标是减轻企业税负,但还可以在此基础上通过合法合理的方式,按照现行的税收法律法规及相关政策,制订科学可行的纳税方案,从而实现企业的税收利益最大化。也就是说,纳税人通过科学合理的税务筹划,不仅可以实现减轻税负的目标,还可以进一步地提高纳税人的纳税意识,实现企业的税收利益最大化。

就我国当前的情况来看,大部分进行税务筹划工作的是外商投资企业和大中型国有企业,这些企业具有较高水平的会计核算和管理能力,纳税管理比较规范,其中不少企业还是我国税收工作中的纳税先进户。由此可见,税务筹划工作开展顺利的企业大多具有会计基础好、纳税意识强的特征。所以,纳税人进行税务筹划,可以促使他们在合理合法的条件下,在谋求税收利益的同时主动自觉地学习和钻研税收法律法规,也就使他们可以自觉主动地履行自身的纳税义务。

2. 有助于税务当局健全和完善税收法规

纳税人在进行税务筹划的一个必要前提是合理合法,但这并不意味着税务筹划一定符合政府的政策导向,例如,集团内部母公司与子公司之间通过转让定价进行的利润转移就不符合政策导向。为了防止这类税收流失,税务机关可以事先与相关的纳税人签订预约定价协议,或者采取其他有效办法。通过签订预约定价协议,不仅可以防止税收流失,还可以在一定程度上提高税务机关的税收征收管理水平。纳税人通过合理合法的税务筹划减轻税负,税务机关通过一定手段加强税收征管,在这个过程中税收征管水平得到一定提高。纳税人的税务筹划工作,可以促使税务机关及时发现税收法规中存在的一些不足和疏漏,从而帮助税务机关按照一定法律程序对税收法规进行更正、补充和修改,进一步健全和完善税法。此外,税务筹划还可以推进税收立法与其他相关法律、法规形成协调的衔接,促使我国的法律更完善和全面,形成一个相互协调的有机整体。

3. 有助于提高企业的财务管理水平

随着企业财务管理水平的提高以及意识的加强,税务筹划成为企业财务管理的一项重要内容,而税务筹划和财务会计之间有着密切联系。因此,税务筹划的基础之一就是建立健全财务会计制度,对财务管理相关工作进行合理规范,同时,还要保证企业的财务会计人员有较好的业务能力,掌握最新的会计准则和税收法规,并且可以根据会计与税收差异对纳税进行正确合理的调整,从而进行正确计税。税务筹划对这些方面的要求,可以有效促进企业提高自身的财务管理水平。

因为税法存在一定漏洞,这也就为纳税人提供了避税的机会;但是没有全面了解税法漏洞,很可能导致纳税人不经意间就落入了看似优惠的陷阱之中。纳税人如果因为判断错误而落入税法陷阱,就需要缴纳更多的税款。而通过科学的税务筹划,可以帮助纳税人躲避这些税法陷阱,从而促进纳税人实现财务利益的最大化。

(二)税务筹划的目标

税务筹划实际上可以看作在法律规定、国际惯例、道德规范和经营管理之间寻求一种良性平衡,从而实现在涉税零风险的情况下达到企业利润最大化的目标。纳税人在进行税务筹划时,不可以仅考虑某种纳税的情况,不可以将眼前税负的高低作为判断标准,而是应该考虑企业的整体利益和长远利益,而这就导致在某些情况下,进行税务筹划时会选择一些就目前来讲税负较高的纳税方案。

税务筹划的基本目标是减轻企业的税收负担,争取税后利润最大化。这一目标通常会通过纳税最少,纳税最晚,实现"经济纳税"而表现出来。为了更好地实现税务筹划的基本目标,可以将税务筹划的目标进行合理具体的细化。

1. 正确履行纳税义务

纳税人正确恰当地履行其纳税义务,目的在于规避纳税风险,规避法定纳税义务之外的纳税成本发生,也就是依法纳税,从而实现涉税零风险的目标。税制具有鲜明的复杂性特征,且会随着经济状况的变化而进行调整,这就要求纳税人必须通过不断学习来及时掌握当前的税法,从而以此为基础进行税务筹划,恰当履行纳税义务。

2. 实现纳税成本的最低化

纳税成本可以分为直接纳税成本和间接纳税成本两部分。直接纳税成本是指纳税人为了履行其纳税义务而付出的人力、物力和财力,也就是指纳税人在其计税、缴税、退税及办理有关税务手续的过程中发生的各项成本费用;间接纳税成本则是指纳税人在履行纳税义务时付出的精神层面的成本,也就是指纳税人在纳税过程中承受的精神压力、心理压力等。如果可以保证税制具有较强的公平性,就可以使纳税人处于比较平稳的心理状态;如果纳税人的承受能力可以帮其处理税收负担,那么他们承受的心理压力就会比较小。降低纳税成本,一方面要求纳税人不断提高自身的业务素质、加强自身的管理能力,另一方面,还需要税务机关不断健全和完善税制,提高税收征管人员的专业水平和素质。

3. 实现税收负担的最低化

企业开展税务筹划的最高目标是实现税收负担最低化。在判断税负轻重时,不应该单纯地考虑纳税数额,而是应该将税收负担率作为科学的判断标准。企业必须对自身的涉税事项进行总体运筹和安排,只有这样才可以实现税负最低、利润最大的目标。实现税负最低化的一个关键在于从经济观点的角度谋划和安排企业税务事项,由此可以看出,对于企业的税务筹划而言,关键是现金流量、企业收益、资源利用、纳税人所得的最大化。

(三)正确看待税务筹划

对于现代企业理财活动来说,税务筹划是一项重要内容,但并不是所有的税收都可以通过筹划而少缴,在工作实践的过程中,必须以科学的观点正确看待税务筹划。

只关注税本身,对于税务筹划来说只是小技能,并且这种做法容易引起税务机关的反感。税务筹划不应该局限于税本身,应该更加关注税收法律、法规与其他相关学科,因为税务筹划更深层次的含义在税之外。当前处于市场经济环境中,合同构成了大部分的财富,同时合同也是税务机关确认企业应税行为的一项主要依据,也就是说企业签订的经济合同,是确定一项经济业务是否需要缴税以及遵循何种缴税标准的依据。

并购合同中通常都会通过合同条款明确债权债务的责任主体,如果没有对相关税收问题进行明确规定,那么并购后的企业就很可能出现以前年度遗留的涉税问题,从而引发涉税征缴、滞纳和罚款等问题。税款不属于债权或债务,因此,没有在并购时明确规定债权债务的责任主体,就很容易引起收购方最终负责。例如,一家企业通过谈判以1 000万元的价格收购了另一企业,然而在收购后却为收购企业支付了历年应纳税款300万元,这就导致其实际收购价格已经高出了当初对方提出的报价。

企业进行采购时,在购货合同中一般会有通用条款规定,买方支付全款后卖方即开具发票。但是在实务中,由于资金紧张等问题,购买方有时并不能在购货后即刻支付全款,这就会导致支付部分款项后不能及时取得用于抵扣税款的专用发票,也就导致不能及时进行部分税款的抵扣。因此,在税务筹划时应该考虑该问题,在采购合同中,应该将"支付全款后即开具发票"条款修改为"按实际支付款开具相应金额的发票",通过这种方式可以节约一笔垫付的税款。

　　另外,还应该注意购货合同中关于货物销售价格条款的确定,因为根据货物价格的区别,企业需要承受的税收负担也有所区别。含税价是指合同中需要结算的价税合计总额,但是在计算增值税时应该以不含增值税的价格作为基数。如果没有在合同中明确指出价格是否含税,税务机关将合同价格默认为不含税价,也就会直接将合同金额作为基数计算增值税,但是一般情况下合同中的金额大多是含税价,在计算增值税时已经将该价格除以(1＋税率),以计算后的价格作为基数再计算增值税。因此,企业应该在其签订的合同中,明确标明价格是否为含税价,并最好标明增值税税率。

三、税务筹划的具体实施

　　现代企业具有生存权、发展权、自主权和自保权,自保权中就包含了企业对自己经济利益的保护。纳税与企业利益之间具有紧密联系,企业有权在合理合法的条件下进行税务筹划。

　　纳税人进行税务筹划,是一种维护其资产、收益的正当方式,这是纳税人享有的合法经济权利。同时,纳税人进行税务筹划也是对其自身享有权利的具体运用,税务筹划属于纳税人应有的社会权利。需要注意的是,虽然税务筹划是纳税人的合法权利,但这种权利存在特定界限,超越这一界限就不再属于企业的合法权利,而是属于违背企业义务的违法行为。当税务机关纠正了税法中存在的缺陷或是明确了其中模糊的地方,筹划权利就转变为纳税义务;当税务机关对税法中的某项条款重新解释并对其适用范围做出明确规定后,纳税人享有的权利就很可能成为现在的应履行义务;当税务机关取消了税法中的某项特定内容后,筹划条件也随着内容消失而消失,税务筹划权利也就会转变为纳税义务;如果纳税人因为实施税务筹划而侵害了他人正常权利,其税务筹划的权利就会被限制和约束。需要注意的是,企业在行使其税务筹划权利时,必须以不伤害、不妨碍他人的权利作为重要前提。

虽然企业依法享有税务筹划权利,但是这一权利的主观动机能否实现,还需要某些客观条件为其提供基础。企业的经济活动十分复杂,纳税人经营企业的方式也各不相同,因此,国家想实现足额征税,就必须保证其税收制度有能力应付复杂的经济活动,也就是要求税收制度具有一定的弹性,而正是因为税收制度存在一定弹性才使纳税人可能进行税务筹划。例如,因为税收制度中有一些税收优惠政策,导致同种税在实际执行中存在一定差异,也就使税收法律制度并不是完全统一的,这样就为纳税人进行税务筹划提供了客观条件;由于税收法律制度存在自身难以克服的缺陷或不合理性,如税法、制度和条例之间不配套,政策内容不清晰不完整等问题,这些都为纳税人进行税务筹划提供了有利条件。因为各国在税收管辖权、税制方面存在差异,避免国际双重征税的方法也存在差异等,这就使纳税人有可能进行跨国税务筹划。

此外,纳税人实施税务筹划还要求其熟知税法和相关法律,要求纳税人必须具备一定税务筹划意识,单位还应该具有一定规模,只有保证了这些条件,才可能使税务筹划的实施发挥充分的作用。

四、节税、避税与税负转嫁

(一)节税

节税是指在税法规定的范围内,当纳税人从多种税收政策、计税方法中进行选择时,可以将税负最低作为目的,对企业经营、投资、筹资等经济活动进行的涉税选择行为。节税的主要特征包括合法性、普遍性、多样性和符合政府政策导向。节税的形式主要有三种,具体如下。

第一,通过对税收制度中的税收优惠性政策、鼓励性政策进行合法合理利用实现节税,这种形式是节税的最基本形式。

第二,在现行税法规定的范围内,选择最合适的会计政策、会计方法进行节税。

第三,在现行税法规定的范围内,纳税人在企业组建、经营、投资与筹资等经营活动的实施过程中,以节税作为目的进行合适的选择。

(二)避税

避税是指纳税人以全面了解和掌握相关税境的税收法规作为基础,将不直接触犯税法作为主要前提,利用税法及相关法律法规中存在疏漏、模糊的地方,对企业经营、筹资、投资等涉税经济事务进行科学合理的安排,从而实现规避或减轻税负目的的行为。

纳税人有权进行合法避税,也就是指纳税人有权按照相关法律规定中的"非不允许"进行选择和决策。避税行为可以分为两类,即顺法意识避税和逆法意识避税。顺法意识避税活动及其产生的结果和税法具有一致的法律意图,这种避税活动并不会对税法的法律地位造成影响,也不会对税收的职能作用造成影响。逆法意识避税是与税法的法律意图相悖,这种行为是利用税法的不足进行反制约、反控制,但是这种行为也不会影响或削弱税法的法律地位。

根据涉及的税境,可以将避税分为国内避税与国际避税。国内避税是指纳税人利用国内税法所提供的条件、存在的可能进行的避税。国际避税是指跨国纳税人利用不同国家存在的税制差异以及各国涉外税收法规和国际税法中存在的漏洞,在其跨境活动中,通过一些合理合法手段实现避税的行为。

节税和避税都在税务筹划的范围内,它们之间具有密切联系,但是从理论角度来看也存在一定区别。从执行税收法规制度的角度来看,避税活动并不会违反税法或不直接触犯税法,节税则符合税收法规的相关要求。从政府政策导向的角度来看,节税活动与政府的政策导向完全一致,国家通过实行税收优惠政策鼓励这种行为;避税活动则是将"法无明文规定不为罪"作为其原则,很明显地看出这种活动并不符合政府的政策导向。

偷税是指纳税人通过伪造、变造、隐匿,擅自销毁账簿、记账凭证等方式,在其账簿上多列支出或者不列、少列收入,或者进行虚假纳税申报的手段,从而实现不缴或者少缴应纳税款的行为。

避税与偷税之间存在以下主要区别。第一,偷税是指纳税人在已经发生纳税义务的前提下,通过一些手段实现不缴或少缴应纳税款的目的;避税是指纳税人通过一些方法规避或减少其纳税义务。第二,偷税行为直接违反税法的规定,属于非法行为;避税行为是钻税法空子,并不直接违反税法规定,属于合法行为。第三,偷税不仅违反税法的规定,同时还会采用做假账、伪造凭证等犯罪手段,偷税行为人应该受到拘役或监禁的处置;避税属于合法行为,并不构成犯罪,因此不应该受到法律的制裁。

(三)税负转嫁

税负转嫁是指纳税人通过调整价格,实现应纳税款负担转嫁的过程。需要注意的是,税负转嫁只适用于流转税,也就是说只适用于纳税人与负税人分离的税种。能否在实务中实现税负转嫁,关键就是确定合适的价格,然而价格的确定需要以产品在市场上的竞争能力和供求弹性作为依据。相比较于其他方式,税负转嫁一般情况下并不存在法律层面的问题,不承担法律责任;方法比较单一,最常见的方式是价格调整;这种方式的成功与否与商品、劳务供求弹性有直接联系。税负转嫁与避税之间的主要区别有以下几个方面。

第一,适用范围存在差异。税负转嫁的适用范围比较小,商品、劳务的价格以及供求弹性直接限制这种行为发挥作用;避税的适用范围大,并不受这些因素的限制。

第二,适用前提存在差异。税负转嫁的适用前提是价格自由浮动;避税则不受该条件的限制。

第三,与企业财务目标之间的关系。如果企业为了进行转移税负而提高商品、劳务供应的价格,就可能造成其市场占有率出现一定程度的下降,导致利润减少,也就会与企业财务目标相悖;一般情况下,避税及其结果与企业财务目标一致。

第二节 营改增后的税务筹划要点与方法探究

营改增后,一些规定进行了调整,还出现了新的规定和政策。纳税人进行税务筹划时应该关注这些变化,尽可能地利用各项规定和政策,以实现减少税负,提高所获利益的目标。

一、税务筹划的要点

(一)纳税人身份选择

按照纳税人经营规模及会计核算的健全程度,可以将其划分为一般纳税人和小规模纳税人。在计算增值税时,一般纳税人按照适用税率通过一般计税方法进行计算,小规模纳税人则按照征收率通过简易计税方法进行计算,因为不同的纳税人在计算增值税时所使用的方法不同,所以纳税人应该先选择适当的纳税人身份,再进行税务筹划。在全面实行营改增后,纳税人在进行税务筹划时,可以按照以下标准选择合适的纳税人身份。

1. 一般纳税人

一般情况下,达到规定标准的纳税人应该登记为增值税一般纳税人。营改增后,纳税人符合相应规定,即符合一般纳税人条件的纳税人应当向主管税务机关办理一般纳税人资格登记。符合一般纳税人条件却没有到主管税务机关登记的,或是并未按照规定时限进行纠正的,需要按照增值税适用税率进行征税,而且此类纳税人不可以进行进项税额的抵扣。但符合规定情形的,达到标准的也可以选择按照小规模纳税人进行纳税,但不论选择哪种纳税人身份都需要向主管税务机关登记并办理相关备案手续。

增值税一般纳税人是指从事货物生产或者提供应税劳务的纳税人,以及从事货物生产或者提供应税劳务为主,并兼营货物批发或者零售的纳税人销售收入达到50万元,货物批发或者零售的纳税人经营销售收入达到80万元,应税服务收入达到500万元的。

2. 小规模纳税人

小规模纳税人的年应税销售额如果超过一般纳税人的标准,具有健全的会计核算可以向税务机关提供准确税务资料,完全符合相关规定要求的,可以登记为增值税一般纳税人。

3. 选择纳税人类型的参考依据

(1) 税负率

纳税人在决定是否按照增值税一般纳税人的身份进行纳税时,一个重要参考依据就是其取得进项税额的比重,即纳税人的增值税税负率情况。可以通过模拟税负率与征收率进行比较,当税负率大于征收率时,纳税人应该选择小规模纳税人;当税负率小于征收率时,应该选择一般纳税人身份。

其中,税负率=(销售额×税率-进项税额)÷销售额×100%

如果在实际操作中需要更精细的测算结果,就要充分考虑征收率和税负率对价税分离产生的影响,但通常这个影响比较小。

(2)行业特点

如果纳税人主要从事餐饮娱乐等生活性服务,考虑到增值税的安全性以及消费属于终端性消费,对于很多经营项目来说,即使消费者是增值税一般纳税人,其开具的增值税专用发票也很可能无法进行进项抵扣。因此,对于这类企业来说,在选择一般纳税人和小规模纳税人时,只需要考虑税负率的比较。

(3)客户对象

企业的经营项目如果属于增值税可以抵扣的范围,就要充分考虑自身的市场定位。如果选择一直进行小规模经营,不将增值税一般纳税人作为客户对象,那么可以选择小规模纳税人;如果企业想进一步扩大经营,将客户对象指向增值税一般纳税人,那么应该选择一般纳税人;如果企业的大部分客户均为增值税一般纳税人,且自身经营项目在可以抵扣的范围内,在营改增后客户为了自身利益必然会索要增值税抵扣凭证,除非对客户实行价格折让。

当然有一部分企业,在营改增后达到标准并且不符合选择小规模纳税人条件的,这时就必须按照相关规定和程序向主管税务机关进行一般纳税人登记,并且尽可能地及时按照规定取得合法有效的抵扣凭证。对于那些可以进行自主选择的企业,就要认真测算并充分考虑自身的市场地位之后再做决定。

(二)再造业务流程

1.适当调整组织架构

纳税人对供应商、服务商的选择进行适当的调整,对供应商、服务商进行全面系统的考察和分析,从而可以优先选择那些可以为其提供增值税合法抵扣凭证的上游供应商、服务商,在营改增后更应该加强对抵扣凭证的科学管理。

2. 加强内部定价及业务协作

在集团内部的各个子公司实际上都是独立的纳税主体，在子公司之间进行业务相互协作时，集团的内部定价会对各子公司的应纳增值税额产生影响，可以按照各子公司的当期进项的实际情况明确具体的定价策略。企业应该在充分考虑节税效果的基础上，选择最合适的业务流程方案，对业务流程进行科学合理的调整，通过召开部门会议，修改制度和合同等方式明确新的业务流程，并且要对企业可能存在的税务及商业风险保持持续关注。

(三)规划经营模式

1. 重新规划业务模式

营改增导致核算方式发生了改变，这就要求企业对现有业务流程的税负变化进行科学测算，一些行业的企业缺少可抵扣的进项税，导致这些企业的税负风险有所增加。

为了更好地防范风险，企业就必须对业务模式进行重新规划。例如，在营改增之前，交通运输业企业作为营业税纳税人，适用于3%的营业税税率。而在营改增后，这类企业作为增值税一般纳税人，适用于11%的增值税税率，名义税率增加了8个百分点。如果这类企业并没有对营改增后的增值税计算方法进行了解并以此进行税务规划，那么它就很可能自己消化由此增加的全部税负，这就会导致税负出现明显增多。但如果这类企业在营改增之际，通过与汽车供应商及货运委托方进行谈判，从而达成相应合适的采购成本和运费，就可以充分利用增值税的进项抵扣特征，从而适度地将增加的税负转嫁出去，这样可以使企业的税负得到很大程度上的削减，也就可以享受到增值税改革带来的好处，促进自身的稳步发展。

此外，企业可以充分利用定价政策的变化，更好地应对税改带来的影响，如通过定价政策将增值税税负部分转嫁给下游企业。同时，如果下游企业也是增值税一般纳税人，它在购买环节采购的为试点服务，这样就可以进行进项抵扣，也就使其实际采购成本相应下降。由此可见，双方都可以从中获益。

例如，房地产企业可以利用评估自产和外包的税收效应的方式，改变自身的商业模式。对拆迁户进行补偿等拆迁支出，房地产开发企业并不能获得增值税发票，这就使其可能无法对这些项目进行增值税进项税抵扣。然而在商业可行的前提下，房地产企业的工程、采购部门可以与专业的土地开发机构进行合作从而做出拆迁安置，这种方式的合作可以取得增值税发票。但是选择这样的方式，可能会承担第三方机构向其转嫁的全部或部分增值税，为了实现对自己有利的目标，企业采购部门应该对拆迁支出进行成本测算，对第三方机构的转嫁进行合理控制，从而选择最有利的拆迁补偿安排。

2.进行业务分拆

一些企业的经营业态十分复杂，这类企业可以根据对具体业务性质的分析，进行业务分拆，这种方法可以帮助企业适用较低税率，从而降低税负。例如，营改增后某交通运输企业适用的增值税税率为11%，因为进项税额明显不足，导致该企业的增值税税负明显增加。针对这一问题，该企业请专业机构对其业务构成进行分析，并按照性质进行分立重组，这样一方面帮助企业有效地降低了增值税税负，另一方面促使企业的业务类型更清晰、财务核算更规范，有效地提高了企业的运行效率。

(四)业务合同中的税务筹划

业务合同决定业务过程，同时合同还是税务风险的主要载体。对合同进行科学的涉税审核以及管理，是企业低税负的直接保证。根据合同内容的差异，涉及的税负高低也会有所不同。在营改增后，企业有必要对其现有的业务合同进行认真的重新复核，并以此为基础进行重新设计和规划。在业务合同中，服务价格、折扣方式、含税价与不含税价、结算方式等,都会对企业的整体税负情况产生一定影响。此外,对于合同中的一些经营项目,通过合适的描述方式可以享受较低税率或是享受税收优惠政策,这会对企业的税负情况以及商业利益产生影响。

(五)保证三证统一

三证是指纳税人的法律凭证、会计凭证和税务凭证。纳税人保证三证统一就是指纳税人应该重视法律凭证、会计凭证和税务凭证之间的相互印证、相互联系以及相互支持。

1. 三证具有的内涵

(1)法律凭证

法律凭证可以对相关当事人权利与义务的法律关系进行明确和规范,是具有重要意义的书面凭证或证据。法律凭证包括合同、协议、法院判决或裁定书等法律文书以及其他各类具有法律效用的证书。如土地使用权证书、资产转让协议、股权转让协议书、采购合同等都属于法律凭证。法律凭证在降低企业的税收成本方面具有根本性作用,尤其是经济合同的正确签订,因此必须合法合规地签订经济合同,以此作为有效降低纳税人税收成本的保证。

(2)会计凭证

会计凭证是按照一定格式编制,用于记录经济业务以及明确经济责任的书面证明,它是登记会计账簿的有效凭证。会计凭证可以分为两种,即原始凭证和记账凭证。原始凭证是指在最初发生经济业务时即行填制的原始书面证明,这类凭证包括销货发票、款项收据等。记账凭证是指将原始凭证作为依据,对各笔业务记入账簿内的账户进行分类的书面证明,这类凭证包括收款凭证、转账凭证等。

(3)税务凭证

税务凭证是指在税法或税收政策性规章上明确相关经济责

任的书面证据。需要注意的是,税务凭证具有特殊性,不是所有法律凭证都是税务凭证。

2. 三证之间的关系

法律凭证、会计凭证和税务凭证具有各自不同的内涵,但三者之间具有一定联系。税务凭证与会计凭证之间既有联系又有区别,一方面,二者都可以作为企业记账证据,是明确相关经济责任的书面证明;另一方面,会计凭证进行财务核算的依据是财政部颁发的各项会计政策、财经制度,税务凭证明确纳税义务的依据是相关税法以及税务总局制定的各项税收政策。会计准则或会计制度与税法规定,对于同一项经济业务的核算和反映存在一定差异,因此,企业有必要根据这种差异对其纳税进行相应的调整,否则企业会因为税务主管部门的惩罚承受一定损失。

企业在降低其成本的过程中,必须保证三证统一,尤其应该注重法律凭证在降低企业成本过程中具有的根本性、关键性作用。同时,必须保证会计凭证和税务凭证上的数据与法律凭证中的相应数据始终一致,否则可能导致企业成本的增加。

3. 三证统一的意义

在企业降低成本中,"三证统一"起到了十分重要的作用,同时它也是企业降低成本实现的根基,也就是说,"三证统一"是企业降低成本的根本方法。

(1)法律凭证对企业成本的意义

企业的成本涉及生产经营的多个环节,如产品的设计研发、生产管理、销售售后等环节。控制和降低企业成本就必须控制每个环节的成本,而重点就在于相关合同和协议的签订和管理,这是因为合同和协议中有价格这一项重要条款,合同价格是构成企业相关成本的重要部分。如果企业已经确定了合同价格并签订了合同,那么几乎不可能通过降低价格的方法实现企业成本的降低,这样做很可能因为担负民事法律责任而进行赔偿。因此,企业成本降低在采购、运输、提供服务等环节中的关键便是价格谈判,因为一旦买卖双方就价格达成一致就会在相关合同或协议中进行明确规定,而在合同价格已经明确的情况下,再降低采购成本和运输物流成本是不实际的。例如,某家具生产企业,其采购生产家具的木料成本占生产成本的40%,该企业通常采取集中采购的方式采购木料,在采购合同中会明确所有采购价格,其中也包括运输成本。因此,该企业要想降低成本,关键就在于通过与供应商进行谈判而降低采购环节的成本,这就要求企业在采购阶段应该与多个供应商进行价格谈判,从中选择木材质量和价格都最为合适的供应商签订合同,并且一定要在采购合同中明确已经谈好的价格,只有这样才能保证生产成本确实降低。

(2)"三证统一"对税收成本的意义

上面已经明确了法律凭证对于降低企业成本的根本性作用,但是仅有这点还不足说明"三证统一"是降低企业成本的根本方法。除此以外,只有保证法律凭证、会计凭证和税务凭证的相互统一,才可以确保企业成本确实降低,只有保证"三证统一"才可以保证企业的税收成本实质性降低。

4. 三证统一的核心思想

"三证统一"的核心思想主要可以概括为三点。第一,合同与企业的账务处理之间要保证相互匹配;第二,合同与企业的税务处理之间要保证相互匹配;第三,合同与企业的发票开具之间要保证相互匹配。

(六)保证三流统一

三流统一是指企业的资金流、票流和物流要相互统一,具体来说,就是指要保证收款方、开票方和货物销售方或劳务提供方是同一经济主体,保证付款方、货物采购方或劳务接受方必须是同一经济主体。在企业的经济交易中,如果没有保证三流统一,就很可能由于票款不一致被怀疑虚开发票,就可能被税务部门稽查判定为虚列支出,这样企业可能受到主管部门的行政处罚甚至刑事处罚。

国家税务总局在对企业税务进行稽查时,十分重视对企业发票进行"三查"。"三查"是指"查税必查票""查账必查票""查案必查票"。在稽查中被认为是虚假发票的,不可以进行税前扣除、抵扣税款、办理出口退税和财务报销、财务核算。如果合同签订方与实际收款方不是同一个经济主体,也就是增值税发票三流不一致,作为合同主体的企业就不可以进行企业所得税的进项税额扣除和抵扣,严重情况还可能受到刑事处罚。我国实行"以票控税",因此必须保证发票上的金额与实际交易金额相符,票据开具与合同规定相符,要保证资金流、票流和物流的三流统一。所以在进行经济活动的过程中,企业应该注意防范存在中间人、混淆交易人等发票法律风险;应该贯彻实行岗位分离制度,以此保证发票的开具、认证、申报、领用存放等环节都可以清晰有序,同时应该了解增值税涉税风险点,要将防范虚开增值税专用发票风险作为防范重点。

1. 无真实交易下的开票风险

在没有真实交易情况下的票款不一致,必然会面临税收和法律风险,这类问题如果被税务稽查部门发现,情节轻的企业需要补税,并缴纳罚款和滞纳金;情节严重的,按照相关法律规定对企业相关的主要负责人员实施刑事处罚。

《中华人民共和国发票管理办法》第二十二条规定,任何单位和个人不可以出现以下虚开发票的行为:(1)为他人或自己开具与业务的实际经营情况不匹配的发票;(2)让他人为自己开具与业务的实际经营情况不匹配的发票;(3)介绍他人开具与业务的实际经营情况不匹配的发票。

国家税务总局十分重视"三查"。在其进行税务稽查的过程中,一旦发现虚假发票,严格禁止相关虚假发票用于税前扣除、抵扣税款、办理出口退税和财务报销、财务核算。

2011年2月25日,我国通过了《中华人民共和国刑法修正案(八)》,其中对刑法进行了一定补充和修改。第一,在规定中取消了原有的虚开增值税专用发票罪,用于骗取出口退税、抵扣税款发票罪,伪造、销售伪造的增值税专用发票罪的死刑。第二,增加了虚开普通发票罪。修正案中规定,"虚开本法第二百零五条规定以外的其他发票,对于情节严重者,处二年以下有期徒刑、拘役或者管制,并处一定的罚金。对于以单位为主体犯前款罪的,对涉案单位判处一定罚金,并按照前款的规定对其直接负责的主管人员以及其他直接责任人员进行处罚"。第三,增加了非法持有伪造的发票罪。该修正案中规定,对于明知发票为伪造还持有,且数量较大的,处二年以下有期徒刑、拘役或者管制,并按实际情况处一定罚金;对于明知发票为伪造还持有,且数量巨大的,处二年以上七年以下有期徒刑,并按实际情况处一定罚金。对于以单位为主体犯前款罪的,按情况对单位判处一定罚金,按照前款的规定对其直接负责的主管人员和其他直接责任人员进行处罚。非法持有伪造的发票罪,是指当事人明知发票为伪造,还非法持有且数量较大的行为。

最高人民法院关于适用《全国人民代表大会常务委员会关于惩治虚开、伪造和非法出售增值税专用发票犯罪的决定》的若干问题的解释第一条规定:

具有以下行为之一的是"虚开增值税专用发票":第一,在没有实际货物购销或者没有提供或接受应税劳务而为自己、为他人、让他人为自己、介绍他人开具增值税专用发票;第二,有货物购销或者提供或接受了应税劳务但为自己、为他人、让他人为自己、介绍他人开具数量或者金额与实际情况不符的增值税专用发票;第三,实际进行了经营活动,但是让他人为自己代开增值税专用发票。虚开税款数额达到1万元以上的或者由于虚开增值税专用发票而导致国家税款被骗取金额达到5 000元以上的,应该按照相关法律规定进行处罚。虚开税款数额较大是指数额达到10万元以上的。

通过法律规定可以看出，企业在没有进行真实交易的情况下开票的行为属于典型的虚开发票行为，虚开发票并不可以用于企业所得税前扣除和抵扣进项税额，此外企业还可能因此行为承担相应的刑事处罚。我国实行"以票控税"，因此，企业必须保证发票上的金额与实际交易中的金额相符。

2. 有真实交易下的开票风险

即使在有真实交易的情况下开票也可能面临一定涉税风险，若票款金额与实际交易金额不一致，则专用发票不可以在企业所得税税前扣除和抵扣增值税进项税额。

国家为了更好地对企业所得发票进行科学合理的管理，对发票的企业所得税税前扣除相关方面做出了严格规定。《国家税务总局关于开展打击制售假发票和非法代开发票专项整治行动有关问题的通知》中规定，不符合国家相关规定的发票以及其他凭证，不可以进行税前扣除、出口退税、抵扣税款。《国家税务总局关于印发进一步加强税收征管若干具体措施的通知》中规定，不是按照相关规定获得的合法有效凭据，不可以作为税前扣除的合法凭证。同时还有法律规定，在有真实交易发生的情况下进行的开票行为，如果出现票款与真实交易金额不一致的情况发生，如果按票款入账则涉嫌发票虚开，这种行为属于没有按照相关规定取得合法有效凭据的行为，因此这样的票据不可以进行税前扣除。

《国家税务总局关于加强增值税征收管理若干问题的通知》中规定了购进货物或应税劳务支付货款、劳务费用的对象。纳税人在购买货物或应税劳务所支付的对象，必须与开具抵扣凭证的销货单位、提供劳务的单位一致，只有符合这条规定的票据才可以进行进项税额抵扣申请，不按规定开具的票据不予抵扣。也就是说，必须保证三流一致才可以在可控范围内进行安全抵扣，然而在实际操作中，可能出现票面记载货物与实际入库货物不一致的情况，但必须保证票面记载的与实际收款的是同一单位，也就是必须保证票款一致。

(七)三价统一原理

"三价统一"是指符合民法相关规定具有法律效力的合同或协议其中明确的价格,与发票上的价格以及货物的实际结算价格必须保证一致。通常在实际操作中,会按照结算价格开具发票。如果票面金额高于结算价格,则为虚开发票;如果票面金额低于结算价格,则涉嫌隐瞒收入。

例如,某公司的工程造价约定为2.3亿元,但在最后结算时金额只有1.3亿元,但是在其开具的发票上仍然按照工程造价的金额填写,由此可见,该工程虚增了1亿元成本。

在经济活动中,还经常出现合同价与结算价不一致的情况。因为会有很多客观因素对经济交易活动造成影响,如材料价格的变动、技术水平的区别、企业管理水平的差异等,这些因素就可能造成结算价偏离合同价的结果。这种现象尤其在建筑工程领域比较显著,工程结算价比合同价高的情况时常发生,造成这一现象的主要原因可以概括为五个方面。第一,在工程招标阶段人为降低招标控制价。第二,由于没有对工程进行清晰地定位或者没有设计深度适宜的图纸,导致工程在施工的过程中出现变更,这就可能引起工程造价的提高。第三,当前建筑市场的竞争十分激烈,很多施工单位为了争取项目通常会选择不平衡报价的投标报价方式,在成功中标后,为了追求利润最大化,施工单位会通过各种方式变更施工内容,以此实现提高结算价的目的。第四,有一部分现场监理并不具备良好的专业素质,在造价控制方面不作为,甚至被施工单位蒙蔽或者直接为了个人利益与施工单位合伙造假。第五,建筑市场近几年的人工价格出现大规模上浮,材料价格的波动也相对较大,这也为结算价上升提供了条件。

结算价比合同价高的现象很难避免,所以为了保证合同价和结算价一致,必须将最终的结算价作为标准,将结算书或结算报告作为依据,按照一定法律程序合理地调整合同价,以此保证合同价与结算价保持统一,之后按照结算价开具发票,这样就可以有效实现合同价、发票价和结算价相互统一了。

二、税务筹划的方法

(一)选择筹划切入点

1. 考虑税种的筹划空间

可以选择任何税种进行税务筹划,但是在实际操作中应该选择筹划空间大的税种作为重点,如对决策有重大影响的税种和税负弹性比较大的税种,税负弹性越大,就意味着税务筹划的潜力也越大。

2. 考虑税收优惠政策

国家为了更好地进行税收调节,在进行税种设计时都会设置一定优惠条件,企业应该将这些优惠政策作为切入点进行税务筹划。选择税收优惠政策作为切入点,应该注意以下两个问题:第一,纳税人不可以对税收优惠条款进行曲解,不可以滥用税收优惠,不可以通过欺骗手段骗取税收优惠;第二,纳税人应该全面充分地了解和掌握税收优惠条款,并按照规定的程序申请相应的优惠。

3. 考虑纳税人构成

在进行税务筹划时,首先需要从税种的避税进行考虑,避免成为某税种的纳税人。一般情况下,增值税小规模纳税人的总体税负比增值税一般纳税人的总体税负轻。但是具体要结合实际情况,要通过全面综合地考虑,分析利弊,再选择最佳方案。

4. 考虑影响应纳税额的基本因素

计税依据和税率都会对纳税额造成影响。计税依据越小,税率越低,应纳税额越少;反之,应纳税额则越多。在进行税务筹划时,纳税人应该将计税依据和税率作为切入点找到合理、合法的办法来降低应纳税额。

5.考虑财务管理过程

企业的财务管理包括筹资管理、投资管理、资金运营管理和收益分配管理,每个环节都可以开展税务筹划工作。

在筹资管理阶段,负债利息属于税前扣除项目,因此享有所得税利益,然而必须在税后利润中才可以进行企业的股息支付分配,这就使债务资本筹资具有一定节税优势。企业可以采取融资租赁的方式在较短时间内获得所需资产,一方面可以保存企业的举债能力,另一方面可以保证企业支付的租金利息按照相关规定在所得税前进行扣除,从而有效地降低了企业的计税基数。更重要的是,企业租入固定资产可以计提折旧,从而进一步降低企业的计税基数。通过以上分析可以看出,融资租赁在税收抵免方面可以获得显著成效。

在投资管理阶段,要在充分考虑投资方式带来的实际效益的基础上选择投资方式;在选择投资项目时,要注意区分国家鼓励的投资项目以及国家限制的投资项目之间的差异;在选择企业组织形式时,采用不同组织形式会带来不同的税负,所以要充分考虑后再进行选择。

在经营管理阶段,应该选择合适的固定资产折旧方法,因为这会对各期的利润及应纳税所得额产生影响;选择合适的存货计价方法,这会对企业的所得税税负产生影响;如果纳税人为一般纳税人,那么采购对象是否为一般纳税人对其税负有很大的影响。

(二)利用税收优惠政策

为了更好地实现税收调节功能,国家制定了各种税收优惠政策,通过这种税收鼓励而实现一定的政治、社会和经济目的。税收鼓励实际上是一种政府行为,它通过政策导向方式对人们的生产与消费偏好产生影响,是国家进行经济调控的有效杠杆。世界各国都十分重视对税收优惠政策的运用,通过这种途径合理有效地扩大就业机会、引导投资方向、刺激国民经济增长和调整产业结构。

1. 税收优惠政策的形式

税收优惠的形式多样,主要表现为免税、减税、税率差异、税收扣除、税收抵免、优惠退税和亏损抵补。

(1)免税

免税是指国家政府为了照顾或奖励特定纳税人,对特定地区、行业、企业、项目或情况所给予纳税人完全不征税的情况。纳税人要想充分利用免税政策,就应该尽量争取更多的免税待遇,尽量延长自身的免税期限。

(2)减税

减税是指国家政府为了照顾或奖励特定的纳税人,对特定行业、企业、项目或情况给予纳税人减征部分税收的情况。减税可能是国家为了照顾特定纳税人采取的税收优惠措施,也可能是为了满足某一政策需要对特定纳税人采取的税收奖励措施。纳税人想要充分利用减税优惠政策,就应该尽量争取获得减税待遇并争取减税最大化,尽量延长自身的减税期限。

(3)税率差异

税率差异是指对性质相同或相似的税种实施不同的税率。税率差异普遍存在,在一国境内存在税率差异的主要目的是促进某种经济、某种行业、某种企业的生存和发展,这实际上也是政府推行的一种税收鼓励政策。例如,我国于 2008 年 1 月 1 日开始正式实施《企业所得税法》,该法律中规定企业所得税的基本税率为 25%,但是高新技术企业的适用税率为 15%,小企业的适用税率为 20%,这就体现了国家对高新技术企业和小企业的鼓励和支持。在利用税率差异时,纳税人应该尽量寻求税率最低化,尽量寻求税率差异的稳定性以及长期性。

（4）税收扣除

税收扣除是指在计税金额中减去一部分金额，之后再计算相应的应税金额。税收扣除与免税、减税不同，它并不具有适用的特定范围，而是面向所有纳税人的。纳税人要想充分利用税收扣除，就应该争取尽可能多的适用扣除项目，争取扣除最早化。

（5）税收抵免

税收抵免是指从应纳税额中扣除税收抵免额。很多国家都推行投资抵免所得税政策。纳税人要想充分利用税收抵免政策，就应该争取尽可能多的适用抵免项目，争取尽可能多的抵免金额。

（6）优惠退税

优惠退税是指政府将纳税人已经缴纳或实际承担的税款退还给规定的受益人。优惠退税一般适用于对产品或所得课税。尤其是在对外贸易领域，出口退税是一种常见的奖励出口的措施。可以将各国旨在奖励出口的退税措施大致分为两类，一是退还进口税，即在进行进口原料或半成品加工制成成品出口活动时，退还已纳的进口税；二是退还已纳的国内销售税、消费税和增值税等，即在出口商进行商品出口时退还其在国内已经缴纳的税款，以此可以使相应的产品以不含税价格进入国际市场，从而可以有效地增强产品的国际竞争力。纳税人想要充分利用优惠退税政策，就应该争取尽可能多的适用于退税项目，争取尽可能多的退税金额。

（7）亏损抵补

亏损抵补是指当年经营亏损在次年或其他年度经营盈利中抵补，这样可以有效地减少以后年度需要缴纳的税款。对于新办企业来说，亏损抵补具有明显的扶持作用，同时对风险较高的投资有明显的激励效果，对盈余无常的企业尤其具有均衡税负的积极作用。很多国家都规定，允许投资者将年度亏损结转，也就是指将年度亏损与一定的年度盈余进行互抵后再进行应纳所得税的计算,这是为了鼓励投资者进行长期风险投资。

2.利用税收优惠政策的注意事项

第一,对优惠政策进行综合衡量。政府通常会提供各个方面的税收优惠,因此纳税人应该全面了解、综合衡量,不能只关注一个税种。纳税人在利用税收优惠政策进行税务筹划时,应该要着眼于整体税负的轻重,通过综合衡量选择最优方案。

第二,对投资风险产生的影响进行综合考虑。国家通过为纳税人提供一定税收利益来实现税收优惠的实际实施,但这并不意味着纳税人可以自然地得到资本回收实惠,有很多税收优惠都与纳税人面临的实际投资风险共同存在。只有保证资本效益,才可以保证税收优惠政策顺利转化为实际收益。

(三)纳税义务转换

纳税义务转换是指纳税人的纳税义务由高纳税义务转换为低纳税义务,也就是指纳税人对于同一经济行为可以进行多种选择时,通过避开高税点选择低税点的方式,实现减轻纳税义务的目的。

税率的基本形式包括定额税率、比例税率、累进税率等。在累进税率下,针对不同的收入区间,相同的所得税负不同。正因如此,纳税人可以通过安排收入与费用的纳税期,实现降低税负的目的。如果是全额累进税率,从高税率往低税率转换的余地更大。

(四)税收递延

税收递延是指企业可以在规定的期限内,选择分期或延迟缴纳税款。税收递延可以促进企业的资金周转,节省利息支出,并且由于通货膨胀产生的影响,延期以后缴纳税款的币值会有所下降,这就导致实际纳税额有所降低。

税收递延有很多途径,纳税人通过税收递延可以获得很多税收实惠。尤其是在当前跨国公司迅速发展的背景下,如果一家公司的母公司位于高税管辖权的地区,而子公司则位于低税管辖权的地区,子公司通过经济活动取得的收入长期留在账上,而母公司并没有获得股息分配的收入,这就导致这部分税款自然地发生了递延。但是税务递延目前只有少数国家在小范围内实行,对于企业税务筹划的影响并不大。

从税收递延的角度来说,税务筹划的目标在合法合理的基础上,尽可能地延缓缴税时间,而这部分应纳税款就相当于是一笔"无息贷款",除此以外还会相应地得到其他税收好处。

税收的重点是流转税和所得税,流转税以收入作为计税依据,所得税以应纳税所得额作为计税依据。纳税人的收入减去费用后,所剩的余额便是应纳税所得额。推迟税款缴纳有很多种方法,但可以大致归纳为两种,即推迟收入的确认和尽早确认费用。在确认费用时应该注意,一切可以直接计入营业成本、期间费用和损失的费用,不计入生产成本;一切可以直接计入成本的,不计入资产;一切可以进行预提的,不选择待摊;可以选择多提的,就尽可能多提;能选择快摊的,就选择快摊。

第三节 营改增的税务筹划案例分析

营改增后,纳税人应该充分利用各种规定和政策,促进企业更好地财务循环。本节以营改增后的一些典型问题进行案例分析,以此更直接地分析营改增中进行税务筹划的方法。

一、兼营行为的税务筹划案例

(一)案例详情

在营改增后,甲公司到税务机关登记为增值税一般纳税人,2017年1月甲公司共取得含增值税销售额600万元,其中提供设备租赁取得收入含增值税为400万元,通过为境内单位提供信息技术咨询服务获得的收入含增值税为200万元,当月可抵扣的进项税额共为30万元。甲公司应该如何进行纳税筹划最合理。

(二)税务筹划依据

《财政部国家税务总局关于全面推开营业税改征增值税试点的通知》附件1《营业税改征增值税试点实施办法》的第三十九条规定:

纳税人兼营销售货物、劳务、服务、无形资产或者不动产,适用不同税率或者征收率的,应当分别核算适用不同税率或者征收率的销售额;未分别核算的,从高适用税率。①

附件2《营业税改征增值税试点有关事项的规定》中规定:

试点纳税人销售货物、加工修理修配劳务、服务、无形资产或者不动产适用不同税率或者征收率的,应当分别核算适用不同税率或者征收率的销售额,未分别核算销售额的,按照以下方法适用税率或者征收率:

(1)兼有不同税率的销售货物、加工修理修配劳务、服务、无形资产或者不动产,从高适用税率。

(2)兼有不同征收率的销售货物、加工修理修配劳务、服务、无形资产或者不动产,从高适用征收率。

(3)兼有不同税率和征收率的销售货物、加工修理修配劳务、服务、无形资产或者不动产,从高适用税率。②

《营业税改征增值税试点实施办法》第十五条规定:

---

① 营业税改征增值税试点实施办法[EB/OL]. https://baike.baidu.com/item/%E8%90%A5%E4%B8%9A%E7%A8%8E%E6%94%B9%E5%BE%81%E5%A2%9E%E5%80%BC%E7%A8%8E%E8%AF%95%E7%82%B9%E5%AE%9E%E6%96%BD%E5%8A%9E%E6%B3%95/13008248?fr=aladdin

② 营业税改征增值税试点有关事项的规定[EB/OL]. https://baike.baidu.com/item/%E8%90%A5%E4%B8%9A%E7%A8%8E%E6%94%B9%E5%BE%81%E5%A2%9E%E5%80%BC%E7%A8%8E%E8%AF%95%E7%82%B9%E6%9C%89%E5%85%B3%E4%BA%8B%E9%A1%B9%E7%9A%84%E8%A7%84%E5%AE%9A/13008268?fr=aladdin

(1)纳税人发生应税行为,除本条第(二)项、第(三)项、第(四)项规定外,税率为6%。

(2)提供交通运输、邮政、基础电信、建筑、不动产租赁服务,销售不动产,转让土地使用权,税率为11%。

(3)提供有形动产租赁服务,税率为17%。

(4)境内单位和个人发生的跨境应税行为,税率为零。具体范围由财政部和国家税务总局另行规定。

第十六条 增值税征收率为3%,财政部和国家税务总局另有规定的除外。[①]

(三)税务筹划思路

纳税人如果兼营货物、服务、劳务、无形资产或者不动产,应该尽量将不同应税行为进行分类,再按照相应的税率或者征收率进行销售额的核算,分别核算可以有效地规避从高适用税率或者征收率,也就实现了减轻企业负担的目的。

(四)税务筹划方案选择

方案一:按照从高税率核算的方式计算销售额。

甲公司应纳增值税 = [600/(1+17%)]×17% − 30 ≈ 57.18(万元)

方案二:按照分别核算的方式计算销售额。

甲公司应纳增值税 = [400/(1+17%)]×17% + [200/(1+6%)]×6% − 30 ≈ 39.44(万元)

由以上计算可以看出,分别核算比未分别核算少缴纳增值税17.74万元,因此为了甲公司的实际经济效益应该选择方案二。

通过该案例可以看出,在企业兼营销售货物、服务、劳务、无

[①] 营业税改征增值税试点实施办法[EB/OL]. https://baike.baidu.com/item/%E8%90%A5%E4%B8%9A%E7%A8%8E%E6%94%B9%E5%BE%81%E5%A2%9E%E5%80%BC%E7%A8%8E%E8%AF%95%E7%82%B9%E5%AE%9E%E6%96%BD%E5%8A%9E%E6%B3%95/13008248?fr=aladdin.

形资产或者不动产时,虽然采用分别核算会在一定程度上加大企业的核算成本,但如果通过分别核算的节税额比较大,纳税人当然应该选择分别核算的纳税方式。

二、混合销售行为的税务筹划案例

(一)案例详情

甲公司是一家商业企业,在营改增后登记为增值税一般纳税人,2016年10月销售设备并向买方提供安装服务,该设备适用增值税税率为17%,由于该设备属于高尖端产品,因此安装费用相当于设备本身的价款。甲公司通过该笔设备交易共取得含税销售额100万元,该企业与购入设备相关的可抵扣进项税额为6万元,与提供安装服务相关的可抵扣进项税额为1万元。甲公司应该如何进行纳税筹划最合理?

(二)税务筹划依据

《财政部、国家税务总局关于全面推开营业税改征增值税试点的通知》的附件1《营业税改征增值税试点实施办法》的第四十条规定:

一项销售行为如果既涉及服务又涉及货物,为混合销售。从事货物的生产、批发或者零售的单位和个体工商户的混合销售行为,按照销售货物缴纳增值税;其他单位和个体工商户的混合销售行为,按照销售服务缴纳增值税。

本条所称从事货物的生产、批发或者零售的单位和个体工商户,包括以从事货物的生产、批发或者零售为主,并兼营销售服务的单位和个体工商户在内。①

(三)税务筹划思路

企业可以通过控制销售货物或服务所占的比例,结合销售货物和服务的税率或征收率的大小,选择按照销售货物或是销售服务缴纳增值税。由此可以看出,纳税人从事混合销售时,如果想按照销售货物来缴纳增值税的,就应该尽可能地从事货物的生产、批发或者零售的经营活动,使该类经营活动的年销售额可以超过总销售额的50%;如果想按照销售服务来缴纳增值税的,就应该尽可能地降低从事货物的生产、批发或者零售活动获得收入的比例,要使这部分年销售额低于总销售额的50%。

从案例中可以看出,甲公司销售设备适用17%的增值税税率,安装服务属于建筑服务适用11%的增值税税率,按照销售服务缴纳增值税的税率明显低于货物销售的税率,因此,应该尽可能保证企业的年货物销售额低于50%,以此便可以按照11%的税率缴纳增值税。

(四)税务筹划方案选择

方案一:按照销售货物缴纳增值税。

使甲公司从事货物的生产、批发或者零售的年货物销售额超过年总销售额的50%,也就是按照销售货物的方式计算应缴增值税,这种计算方式适用增值税税率为17%。

甲公司应纳增值税 = [100/(1+17%)]×17% − 6 − 1 ≈ 7.53(万元)

方案二:按照销售服务缴纳增值税。

使甲公司从事货物的生产、批发或者零售的年货物销售额低

---

① 营业税改征增值税试点实施办法[EB/OL]. https://baike.baidu.com/item/%E8%90%A5%E4%B8%9A%E7%A8%8E%E6%94%B9%E5%BE%81%E5%A2%9E%E5%80%BC%E7%A8%8E%E8%AF%95%E7%82%B9%E5%AE%9E%E6%96%BD%E5%8A%9E%E6%B3%95/13008248?fr=aladdin.

于年总销售额的50%,也就是按照销售服务的方式计算应缴增值税,适用增值税税率为11%。

甲公司应纳增值税=[100/(1+11%)]×11%-6-1≈2.91(万元)。

从以上两个方案的增值税计算可以看出,按照销售服务缴纳增值税比按照销售货物缴纳增值税少4.62万元,因此应该选择方案二的缴纳方式。

纳税人从事混合销售行为的,在进行税务筹划的过程中,主要需要考虑的是销售货物和销售服务所适用的税率或征收率,通过对比进行选择。同时还应该明确纳税人的销售行为是否属于混合销售行为,这是由主管税务机关进行确定的,是自由裁量权的一种具体表现。因此可以看出,主管税务机关按照自行判断明确纳税人的销售行为,可能将其判定为混合销售行为,也可能将其判定为非混合销售行为;可能将其判定为按照销售货物缴纳增值税的混合销售行为,也可能将其判定为按照销售服务缴纳增值税的混合销售行为。这就要求相关纳税人应该在事先获得主管税务机关认可的情况下,再对其混合销售行为进行税务筹划,只有这样才能保证其税收筹划的有效性。

三、计税方法选择的税务筹划案例

(一)案例详情

陕西省的甲公司是一家设备租赁公司,于2013年8月起为营改增试点,向税务机关登记为增值税一般纳税人。甲公司于2013年5月购进了3台设备,并于2016年1月1日将这3台设备对外租赁给乙公司,合同约定的租期为1年,甲公司向乙公司收取了含增值税租赁费100万元,租赁到期后,甲公司将该设备收回并继续投入租赁使用。2016年1月1日至2016年12月31日,可抵扣进项税额共计1万元。甲公司应该如何进行纳税筹划最合理？

(二)税务筹划依据

按照相关法律规定,一般纳税人发生以下应税行为的可以选择适用简易计税的方法计算增值税。

第一,公共交通运输服务。这类服务包括公交客运、地铁、出租车、班车、城市轻轨、长途客运、轮渡。其中,班车是指按照固定的路线、时间运营,并在固定站点停靠的运送旅客的陆路运输服务。

第二,经过相关部门认定的动漫企业,为了进行动漫产品开发而提供的动漫脚本编撰、形象设计、动画设计、分镜、动画制作、摄制、画面合成、配音、配乐、剪辑、字幕制作、压缩转码等服务,以及在境内进行动漫版权转让的行为。

《文化部、财政部、国家税务总局关于印发〈动漫企业认定管理办法(试行)〉的通知》中,对于动漫企业和自主开发、生产动漫产品的认定做出了具体规定,以上提到的认证按照相应的标准和程序执行。

第三,仓储服务、装卸搬运服务、收派服务、电影放映服务以及文化体育服务。

第四,以纳入营改增试点前取得的有形动产为标的物,向市场提供的经营租赁服务。

第五,在纳入营改增试点之日以前,虽已经签订合同却还没有执行完毕的关于有形动产租赁的合同。

第六,纳税人提供物业管理服务,向服务接受方收取的自来水水费,按照扣除其对外支付的自来水水费后的余额作为销售额进行核算。增值税按照简易计税方法进行计算,征收率适用3%。

第七,非企业性单位中的一般纳税人提供的研发和技术服务、鉴证咨询服务、信息技术服务,以及销售无形资产,可以选择按照简易计税方法计算增值税,适用的征收率为3%。

第八,一般纳税人提供教育辅助方面的服务,可以选择简易计税方法计算应缴纳增值税,适用征收率为3%。

(三)税务筹划思路

甲公司在将作为有形资产的设备向外租赁时,涉及的设备是在纳入营改增试点前购买的,因此,当时其进项税额不予抵扣,这样就造成在其试点后可抵扣的进项税额较少。鉴于此,通常会选择简易计税方法进行应缴增值税的计算,这样可以一定程度上实现节税目的。

(四)税务筹划方案选择

方案一:按照一般计税方法计算应缴增值税。

甲公司应纳增值税=$[100/(1+17\%)]\times 17\%-1\approx 13.5$(万元)

方案二:按照简易计税方法计算应缴增值税。

甲公司应纳增值税=$[100/(1+3\%)]\times 3\%\approx 2.9$(万元)

由以上的计算可以看出,按照简易计税方法比按照一般计税方法计算增值税少缴纳增值税10.6万元。因此,甲公司应该选择方案二,也就是按照简易计税方法计算增值税。

需要注意的是,试点一般纳税人在试点期间提供有形动产经营租赁服务的,只要决定选择适用简易计税方法的,在选择后的36个月内就不可以进行再次计算方法变更了。因此,纳税人在选择计税方法时,一定要全面考虑、权衡利弊。

四、固定资产购置时机选择的税务筹划案例

(一)案例详情

甲公司是一家从事信息技术咨询服务的公司,为小规模纳税人。甲公司在2016年12月通过为境内单位提供信息技术咨询服务获得了含增值税收入50万元,购买信息技术专用设备花费

的金额为 23.4 万元（含增值税），对于设备的购买已经从购买方获得了增值税专用发票。2017 年 1 月，甲公司向主管税务机关登记为一般纳税人。2017 年 1 月，甲公司通过为境内单位提供信息技术咨询服务获得了 100 万元的收入。甲公司应该如何进行纳税筹划最合理？

(二)税务筹划依据

按照相关规定，实行简易计税方法计算增值税的小规模纳税人，不可以进行进项税额抵扣。一般情况下，一般纳税人选择一般计税方法计算增值税，可以抵扣进项税额。按照相关法律法规规定，以下进项税额可以从销项税额中抵扣。

第一，纳税人从销售方获得合法增值税专用发票，在票上注明的增值税额。

第二，纳税人从事进口经营行为，从海关获得了海关进口增值税专用缴款书，在该凭证上注明的增值税额。

第三，纳税人购进农产品，按照以下规定进行进项税额的抵扣。

其一，除第二项规定范围外，纳税人在购买农产品时，获得了一般纳税人开具的增值税专用发票或海关进口增值税专用缴款书的，在这些凭证上注明的增值税额即为进项税额；从按照简易计税方法依照 3% 征收率计算缴纳增值税的小规模纳税人取得增值税专用发票的，将专用发票上注明的金额按照 11% 的扣除率进行计算，得出的结果为进项税额；纳税人获得农产品销售发票或收购发票的，按照销售或收购发票上注明的农产品价格以及 11% 的扣除率进行计算，得出的结果便是进项税额。

其二，纳税人处于营改增试点期间，纳税人购买的用于生产销售或委托受托加工 17% 税率货物的农产品，按照原扣除力度，即 13% 的扣除率计算。

其三，纳税人属于继续推进农产品增值税进项税额核定扣除试点的，已经实行核定扣除进项税额的农产品，继续按照《财政部、国家税务总局关于在部分行业试行农产品增值税进项税额核定扣除办法的通知》《财政部、国家税务总局关于扩大农产品增值税进项税额核定扣除试点行业范围的通知》中的相关规定执行。

其四,纳税人在其批发、零售环节,通过采购适用免征增值税政策的蔬菜、部分鲜活肉蛋,从销售方获得的普通发票,不可以作为进行进项税额抵扣的有效凭证。

其五,纳税人购买用于生产销售或委托受托加工17%税率货物的农产品,同时购买的农产品还用于生产销售其他货物服务的,应该对农产品的进项税额按照实际情况进行分别核算。没有按照实际情况进行分别核算的,统一按照增值税专用发票或海关进口增值税专用缴款书上注明的增值税额计算相应的进项税额,或者以收购发票或销售发票上注明的农产品买价作为基础,按照11%的扣除率进行进项税额的计算。

其六,销售发票,是指农业生产者自己生产自己销售的农产品,适用免征增值税政策为购买方开具的普通发票。

第四,纳税人从境外单位或者个人购买服务、无形资产或者不动产,从扣缴义务人或相应税务机关处获得的解缴税款的完税凭证上注明的增值税额。

(三)税务筹划思路

在不对正常经营造成影响的前提下,营改增试点小规模纳税人可以在其登记为一般纳税人之前,适当地推迟购进货物、服务、劳务、无形资产或者不动产的时间,也就是小规模纳税人可以在登记为一般纳税人之后再购买这些产品,这样才可以使这些产品的进项税额可以抵扣,在一定程度上减轻企业的增值税税负,从而实现其节税的目的。本案例中的甲公司正是因为在其登记为增值税一般纳税人之前便购买了设备无法享受进项税额抵扣。

(四)税务筹划方案选择

方案一:在2016年12月购进信息技术专用设备。

甲公司在 2016 年 12 月还没有登记为一般纳税人,所以身为小规模纳税人的甲公司并不能进行进项税额抵扣。

2016 年 12 月应纳增值税 = [50/(1+3%)]×3%≈1.46(万元)

2017 年 1 月应纳增值税 = [100/(1+6%)]×6%≈5.66(万元)

方案二:在 2017 年 1 月购进信息技术专用设备。

甲公司在 2017 年 1 月登记成为一般纳税人,因此甲公司可以就 2017 年 1 月购进信息技术专用设备进行进项税额抵扣。

2016 年 12 月应纳增值税 = [50/(1+3%)]×3%≈1.46(万元)

2017 年 1 月应纳增值税 = [100/(1+6%)]×6%−[23.4/(1+17%)]×17%≈2.26(万元)

由以上增值税的计算可以看出,如果甲公司在 2017 年 1 月再购进信息技术专用设备,可以少缴纳增值税 3.4 万元。因此,甲公司应该在不影响其正常经营的情况下,尽可能选择在登记为一般纳税人后再购进信息技术专用设备。

需要注意的是,这不仅适用于营改增试点小规模纳税人,对于原增值税小规模纳税人来说,也应该尽可能在登记为一般纳税人之后再购买货物、劳务、服务、无形资产或者不动产,这样可以享受抵扣进项税额待遇,达到降低增值税税负的目的。

五、起征点的税务筹划案例

(一)案例详情

个体工商户李某是营改增试点小规模纳税人,他在 2017 年 1 月通过向客户提供咨询服务获得了 20 601 元的含增值税收入,按照李某所在地的相关规定,增值税起征点为 20 000 元。在不考虑城市维护建设税和教育费附加的情况下,李某应该如何进行纳税筹划最合理?

(二)税务筹划依据

《财政部、国家税务总局关于全面推开营业税改征增值税试点的通知》的附件1《营业税改征增值税试点实施办法》中规定,个人发生应税行为的销售额如果没有达到规定的增值税起征点的,不对其征收增值税;对于达到规定起征点的,按照应税行为收入全额计算相应的应纳增值税。需要注意的是,如果个体工商户已经登记为一般纳税人,则不再适用于此处规定的增值税起征点。

《营业税改征增值税试点实施办法》第五十条对增值税起征点的具体幅度进行了规定,如下所示。

(一)按期纳税的,为月销售额 5 000～20 000 元(含本数)。

(二)按次纳税的,为每次(日)销售额 300～500 元(含本数)。

起征点的调整由财政部和国家税务总局规定。省、自治区、直辖市财政厅(局)和国家税务局应当在规定的幅度内,根据实际情况确定本地区适用的起征点,并报财政部和国家税务总局备案。

对增值税小规模纳税人中月销售额未达到 2 万元的企业或非企业性单位,免征增值税。2017 年 12 月 31 日前,对月销售额 2 万元(含本数)至 3 万元的增值税小规模纳税人,免征增值税。[1]

(三)税务筹划思路

纳税人的收入如果刚刚达到规定的起征点,或是仅仅超过规定起征点一点,纳税人应该适当地减少收入,以使自身的销售额在起征点以下,这样就可以享受免税待遇,从而实现减轻税负的目的。

---

[1] 营业税改征增值税试点实施办法[EB/OL]. https://baike.baidu.com/item/%E8%90%A5%E4%B8%9A%E7%A8%8E%E6%94%B9%E5%BE%81%E5%A2%9E%E5%80%BC%E7%A8%8E%E8%AF%95%E7%82%B9%E5%AE%9E%E6%96%BD%E5%8A%9E%E6%B3%95/13008248?fr=aladdin.

(四)税务筹划方案选择

方案一:维持原月含税收入。

李某2017年1月的含税收入为20 601元,以此计算其不含税的收入。

不含税收入额＝20 601/(1＋3%)≈20 000.97(元)

按照当地的规定,不含税收入达到20 000元的就需要按收入全额缴纳增值税,因此,李某需要按规定缴纳增值税。

应纳增值税＝20 000.97×3%≈600.03(元)

税后收入＝20 601－600.03＝20 000.97(元)

方案二:适当降低月含税收入。

如果保证李某的不含税收入在20 000元以下,就可以享受免征增值税的待遇。通过计算可以得出,如果李某将不含税收入降低到20 599元,便可以享受免征待遇

不含税销售额＝20 599/(1＋3%)＝19 999.03(元)

因为不需要缴纳增值税,税后收入为20 599元。

由以上计算可以看出,如果李某适当降低其月销售收入,便享受免税待遇,而维持原收入则需要缴纳600.03元的增值税。通过比较两个方案的税后收入可以看出,李某应该选择方案二。

关于此案例中的起征点税务筹划思路使用范围比较小,仅适用于小规模纳税人销售额刚刚达到或超过起征点的情况。因此在实际操作中的应用空间比较小,尤其是遇到主管税务机关对纳税人进行销售额核定的情况时,这种税务筹划的作用便更小。

本章小结

税务筹划是指在税法规定的范围内,通过对经营、投资、理财等活动的事先筹划和安排,尽可能得到税收利益。税务筹划对于企业的财务管理具有重要作用。而营改增是我国税制改革的大趋势,只有顺应改革进行税务筹划才可以帮助纳税人实现降低税

负,提高税收利益的目标。因此,本章以税务筹划为内容进行了全面分析,并结合营改增后的变化进行实务解析,通过理论与实践相结合的方式系统探讨了税务筹划的各方面内容。掌握税务筹划对于纳税人具有重要作用,尤其是在营改增后,如何利用营改增获得节税的税收利益也是企业进行财务管理的一项重点内容。

第六章 营改增后企业面临的税收风险及规避

在企业进行经营的一系列重要外部因素中,可以说,税收是一个非常重要的影响因素,营改增到底能不能在最大程度上为企业带来减税利益的行为,这实际上完全取决于企业能不能进一步实现关于进项税额和销项税额的具体匹配。本章重点从税收风险的内涵以及营改增后的税收风险、针对企业税收风险的识别以及企业应对税收风险的主要措施角度,详细、全面地分析了营改增后企业面临的一些税收风险及规避。

第一节 税收风险的内涵以及营改增后的税收风险

一、税收风险的定义

根据税收风险概念所涵盖的具体范围来看,主要包括广义的税收风险和狭义的税收风险。

(一)广义的税收风险

广义的税收风险主要是指税收在使自身的职能进一步实现的过程中,由于税制体制并不是很完善,还存在一定的缺陷,或是经济环境和纳税环境的不确定性,或征纳双方以及种种不可预知和控制的因素所引起的税源状况恶化、税收调节功能减弱、税收增长乏力、应征税款流失,最终就不同程度地导致了税收职能行使预期与税收职能行使结果不一致的可能性。

(二)狭义的税收风险

OECD(经济合作与发展组织)进一步定义税收风险为税收遵从风险,这实际上也是狭义税收风险的一个最具体的概念。进一步来说,税收风险主要是指在管理税收的具体过程中,对提高纳税应该要遵从目标的具体实现避免产生相关负面影响的可能性。一般而言,都会用于税收领域之中去,税收风险主要表现为,对于税收的相应流失有着很大的不确定性或预期应收尽收结果与实际征收结果会出现相关程度的偏离。

从OECD税收风险的具体管理实践经验以及我国近年来对税收风险进行管理的相关探索来看,我们经常说到的税收风险主要就是税收遵从风险,也就是狭义上的税收风险。具体来说,主要基于以下两方面的考虑。

1. 税收缺口理论

要是根据税收缺口理论来看的话,"应收尽收"是进行税收征管的主要目标,这也就在一定程度上要求纳税人必须做到对于相关的纳税活动要全面性地遵从,使得纳税人的"应缴尽缴"得到全面性的实现,也就是说,可以进一步地实现税务机关所制定的"应收尽收"目标。

2. 税收管理目标的法理解释

现代社会属于民主社会也就是契约社会,因而,国家的核心契约就是宪法和法律,国家和百姓要想达成一定的契约,就需要通过相关的法律才能进行。当然,税收法律也是其中的一个契约,关于这个契约,就需要公民适当地把一部分权利让渡给政府,然后政府通过一部分的组织资源和财力进一步履行它的职能,也就是说政府和纳税人之间互相有了一个约定,统一约定大家一共要缴纳多少税收。如果纳税人的全面遵从都得以实现了,税务机关在一定程度上也就没有了所谓的存在价值,但是税收本身所具有的特性又进一步决定了要想做到全面遵从是很不容易的一件事。

面对那些因为对税法不是很了解而进一步导致的不遵从,税务机关就有必要进一步去履行纳税服务的相关职能,进一步去帮助纳税人更深刻地理解税法履行好其应当履行的纳税义务;对于那些因为过度考虑利益等带有主观故意不遵从的纳税人而言,税务机关应当履行税收执法的具体职能进一步促进纳税人进行遵从。

因此,税收风险可以说是根据纳税人是否遵从税法而产生的,所以OECD把税收风险定义为税收遵从风险。

二、税收风险的特征

税收风险是风险在税收领域中的一种较为具体的表现。因此,可以说税收风险具有风险所拥有的一般属性,同时税收风险也具有一定其特有的行业特性。

(一)客观性

税收风险所存在的客观性,在一定程度上也可以具体称作是税收风险存在的必然性。这种特性的存在,主要是企业为了能够进一步追求利润最大化和税务部门追求效能最大化所固有的目标之间所存在的矛盾所决定的。

首先,企业为了使税后净利润的最大化得以一定程度上实现,对于纳税成本最小化的动机进行相关的追求是必然会存在的,在对具有真实全面涉税信息进行提供等方面就可能设置相应的障碍;其次,税务机关在进一步实施税收征收和管理过程中,因受到来自各方面具体原因的影响,所以就在一定程度上形成了不可避免的税收风险隐患;最后,不论是对于征税方来讲还是对纳税方而言,对税收政策、征管程序等方面的理解都会有所不同,并且存在一定的差异,而这也就直接导致了税收风险的产生。

(二)差异性

对于税收风险而言,在征税方、纳税方以及不同地域之间都是不同的,都会存在一定的差异性。这对于纳税人来讲,在经营规模、社会责任、管理水平等各方面都会各不相同,这就会进一步影响到企业税收风险的大小。对于税务机关来讲,职业道德、管理水平、技术手段、地方支持等各方面也是一样,都存在着很大程度的差异。对于不同地域来讲,文明程度、风俗习惯、经济发展等各方面也都存在一定的差异,这都间接性地造成了税收风险最终的不同。

(三)可控性

税收风险具有一定的可预见性。具体来说,主要表现在两个方面。

一方面,纳税人完全可以在主观上实施相关的涉税业务计算与核算的具体调整等行为,这也就不可避免地导致其与所规定的税收政策、法规等很难达成一致,最终出现一定的矛盾甚至是出现相互背离的现象,也就进一步表明了纳税人自身所存在一定的税收风险,有时候会取决于纳税人主观上存在对其可控的需求。

另一方面,作为进行主动征税方的税务机关,对有可能造成各种税收风险的各类因素都应该具有一定的具体防范需求,只有做到万无一失的保障,才必然会进一步推动税务机关对风险进行相关的识别,从而有力地实施好关于风险的事前预警和具体防控。

(四)复杂性

当出现同一税收风险的时候,分析其具体原因要把多方面的因素综合叠加起来进行,不能只简单地归结于其中的某一个具体方面。也就是说,出现的同一税收风险,既可能有来自企业自身方面的原因,又可能和税收管理方面有一定的关系;既可能有主观意识的原因,也可能和具体操作有联系;既可能有征纳双方自身各自出现的原因,也有社会甚至是地方干预所造成的基本原因等。

(五)关联性

税收风险,虽然从整体性来看,比较分散,散布于税收管理的各个领域、各个环节,但这不代表它们之间毫无关联,通常来说,它们互相之间都会产生相互的影响,相互关联,辩证统一。例如,税收风险可能进一步造成税务人员履职廉政的风险,也可能造成税款流失等风险。

三、税收风险的表现形式

(一)税收风险的分类

目前,税收风险有着各种形式的分类,根据不同的划分标准,所分类的税收风险种类也不尽相同。下面列出了几种较为典型的分类方法。

1. 按照法定义务不同分类

2004年,OECD指导性文件明确地指出纳税人有着最基本的四项义务,具体包括登记、申报、信息提供和缴纳税款。据此,税收风险按照法定义务来分的话,就可以分为登记风险、申报风险、信息风险和纳税风险。

2. 按照税收风险的内容不同分类

税收风险按照具体的内容进行分类,可以分为收入损失风险、行政责任风险、刑事责任风险、失去某种资格风险和失去声誉风险。

3. 按照税收风险的原因不同分类

税收风险按照具体的原因来分类，可以进一步分为制度风险、执法风险、遵从风险。

4. 按照风险发生的层次不同分类

税收风险按层次进行分类的话，可以进一步分为战略风险和战术风险。其中战略风险主要包括收入风险、体制风险、政策风险、立法风险、机构及资源配置风险。战术风险主要包括税源管理风险、执法风险、纳税行为风险、服务行为风险等。

5. 按照风险持续的时间不同分类

税收风险按照持续的具体时间可以进一步分为三种风险，分别是突发性税收风险、阶段性税收风险和常态性税收风险。

（1）突发性税收风险，主要是由于受到某种特定因素的相关影响进而导致的一种短期税收风险，通常来说，有着暂时性、突然性的具体特征。

（2）阶段性税收风险，主要是由于经济状态、政策规定、征管手段等不断地发生相应的变化而导致出现的一种税收风险，其特征具有一定的可预见性、非重复性。

（3）常态性税收风险，在税收管理过程中是一种极其常见的税收风险，一般风险产生的主要原因相对来说较为复杂和深刻，想要在较短时间内解决掉几乎是没有可能的。

6. 按照税收风险带来负面影响的主体不同分类

税收风险按照负面影响的主体可以分为三类，具体是收入风险、执法风险和纳税风险。在整个税收管理的具体活动中，无论是国家、税务机关及其工作人员还是纳税人这三个主体都是要涉及的，所有的税收法律关系都是关系到这三个主体之间相互联系、相互作用的一种结果。

(1)收入风险具体是指在进行相关的税收管理活动中,会有各种不利的因素进一步导致税收出现收入波动,国家是其主体,而对风险进一步进行管理的目标是国家税收收入的最大化。

(2)执法风险主要是指在对税收进行管理活动过程中,会有各种不利的因素导致税务机关及其工作人员的具体利益受到不同程度的损害,执法风险的主体是税务机关及其相关的工作人员,对风险进行管理的目标是依法征税。

(3)纳税风险主要指的是在进行税收管理活动过程中,各种不利因素进一步导致纳税人涉税权益受到相关程度的损害,纳税风险中纳税人是主体,对风险管理的主要目标是依法进行纳税。在纳税风险的具体过程中,所出现的不利因素一般主要表现为两种情况,分别是"多缴税"和"少缴税"。

"多缴税"其实就是指依据相关规定的税法不需要进行缴纳的税款也被申报在其中进行相应的缴纳,这就进一步体现为纳税人在经济利益方面会遭到一定程度的损失。

"少缴税"则是指依据相关规定的税法本来应该进行缴纳的税款却没有得到及时足额的申报缴纳,就很有可能会造成被加收一定的滞纳金、被处以行政罚款、形成不良纳税信用记录、责任人受到党纪政纪处分甚至被处以刑罚、道德舆论及商誉损毁等。

从税务机关的角度来看,纳税风险所进行重点关注的是"少缴税"风险,也就是针对税款流失风险方面。

在进一步对税收风险进行相关的管理研究过程中,只有进一步对税收风险管理的主体和研究对象进行明确,才能把相对来说有效的风险识别体系和应对方法适当地建立起来。对于各级的税务机关来讲,他们应该有一个明确的基本思路,在思路明晰的基础上,按照国家税务总局实施详细的进一步深化税收征管进行相应的改革,通过进一步把税收风险管理的具体流程适当地建立起来,就能够将风险管理的理念和方法贯穿于税收征管的全部过程之中,把相对而言有限的征管资源优先用于那些风险较高的纳税人,从而在一定程度上实现提高税法遵从度和纳税人满意度、降低税收流失率和征纳成本的税收征管改革目标。

因此,按照上述的税收风险具体表现形式进行分类,本书所进行研究的重点主要以税务机关和纳税人为主体的税法遵从风险,其需要通过税务机关和纳税人的共同努力来使风险有所程度降低,即税务机关应合理地把服务与执法手段运用得当,以更好地达到纳税人实现纳税遵从、降低税收流失的最终目的;纳税人也可以适当地通过建立税务风险防控机制达到防范、降低、化解税收风险的最终目的。

(二)税法遵从风险的主要类型

1. 纳税遵从风险

纳税遵从风险具体是指纳税人因在某种程度上为了对纳税义务进行规避或没有充分地执行好相关规定的税收政策而最终导致经济利益、社会信用等方面受到一定损失的可能性。

具体主要表现在以下三个方面。

(1)因缺失了一定的纳税信用,因而会在主观意识上对应履行的纳税义务选择逃避,形成税收风险存在的可能性。

(2)因过度缺乏足够的素质能力,于是在进一步理解和执行税收法规过程中发生了一定的偏差,这就很有可能会使经济支出的可能性出现额外的增加。

(3)因受到各种原因的影响,对于应得的税收优惠政策没有充分、及时、足额地享受,这也会使应得经济利益有所程度减少。

税收风险会进一步影响到企业,对企业造成很大的波及,所以就进一步要求企业对于税收风险的相关管理和预防必须不断地进行加强,以更好地对那些不必要的经济损失和成本增加进行适当的规避。

2.税收征管风险

(1)税制改革风险

由于我国当前正处于一个对经济结构深度进行相关调整的关键时期,按照党的十九大所提出的全面建成小康社会的宏伟目标和发展蓝图,进一步加快建立符合我国国情,有利于推动经济社会科学发展和公平分配的现代税收制度是非常有必要的,这可以在很大程度上使税收筹集收入和调控经济、调节分配等各方面的职能作用充分发挥出来。

(2)国际税收风险

随着改革开放不断深入,我国税收来源的重要组成部分主要依靠大量的跨区域、跨国界的企业集团。不过其中的这部分涉外企业,由于有着不同的思想观念、税收体制以及文化认同等,从而就在一定程度上造成了税收流失的极大风险,而且税务机关在对相应的工作进行征管的同时,也存在相对的难点、薄弱点和着力点。

这就需要进一步对中国经济增长过程中所涉及的外围税收流失风险进行相关性的研究,应该把相应的风险识别指标体系及时构建起来,制定出一套合理、适当的风险应对方法,这也是当前我国各级税务机关所不得不面临的、迫切的一个重要课题。

(3)税源监管风险

经济决定税源,但是税源在转变成为税收的具体程度也与税务机关对税源监控的整体能力有很大关系。

从目前的整体情况来看,我国对税源的具体监控能力还存在许多羁绊,针对税源进行有效的监控,无论是在理念、方法上,还是在机制、手段等方面都较为落后,"划片管户""人海战术""管理缺位"等问题依旧非常突出,这也就进一步表明了税收征管具有的科学性、针对性和实效性还有待得到进一步的加强,"疏于管理、淡化责任"的问题需要尽快解决。

(4)纳税服务风险

近年来,随着我国不断加大公共服务型政府力度的建设,使得纳税服务工作也上升到了一个税收核心业务的新高度。即使我国纳税服务的理念、体系、方法、手段也需要得到不断的完善,但是同时也应该明确地看到,纳税服务工作也存在潜在的风险。

总体来看,纳税服务工作并没有满足纳税人多元化、个性化的涉税需求,由于在相关工作中,一些税务机关和工作人员并没有透彻地理解纳税服务的实质内涵,因而会存在一定的偏差,只是在表面上简单地把税收征管和纳税服务工作对立起来,这样的服务工作还有待加以进行根本性的扭转。与此同时,税务干部队伍的整体服务水平也急需提高,更深层次地去深入研究并探索税收征管和纳税服务的融合程度。

3.税收廉政风险

所谓的税收廉政风险,具体是指税务机关和税务人员在对税收执法权和内部行政管理权进一步实施的具体过程中,在一些相对而言重点的管理环节实施权力"寻租",通过以税谋私、以权谋私,进行不正当的管理或是把执法的力度随意性扩大,最终带来相应的执法风险和滥用职权、徇私舞弊造成的廉政风险。

具体来说,主要表现在以下三个方面:

(1)进行税收执法的相关人员徇私舞弊或者玩忽职守,对应该进行征收的税款并没有采取正确的态度,实施不征或者是少征的行为。

(2)对法律、行政法规的规定视而不见,自作主张地进行提前征收、延缓征收税款。

(3)对税种、入库级次和入库地点等进行随意性的改变。

以上所提及的一系列不规范的税收征管行为,屡屡发生,久而久之就使税务机关随时都会面临形象受损、执法信誉降低等风险,于是也就牵连到对其直接负责的主管人员和其他直接责任人员,使他们在一定程度上也将不断地面临相应的行政责任或者是刑事责任追究的风险。

4. 税收安全风险

所谓的税收安全风险，主要是指税收工作在不断地发挥筹集财政收入的具体过程中，因受到一些相关因素的影响，进一步造成税收收入持续稳定增长的不确定性。具体来说，有以下三方面的表现。

(1)信息技术方面

具体是指随着不断地进一步深入税收信息化的相关建设，税收征管数据的集中程度变得越来越高，而这也就同时非常有可能存在造成数据出现灾难性风险的可能性以及利用信息技术进行偷逃骗税的可能性。

(2)自然灾害方面

主要是指因自然环境而相应地受到了不同程度的破坏，进而发生的各种自然灾害对市场经济主体组织生产经营、税务机关组织税收收入造成的一定风险。

(3)国际环境方面

主要是指我国经济在进一步发展的过程中，受到全球经济环境所带来的一系列具有负面效应的影响。如金融危机、贸易壁垒、经济制裁等。

四、营改增后的税收风险防范

关于营改增后的税务风险防范，主要体现在增值税发票风险方面，而增值税发票风险又具体包括以下几个方面。

(一)税务稽查风险

我国主要通过以票控税对增值税进行监管，从目前的整体形势来看，我国税务稽查形势严峻，各地税务稽查案件量陡增。

一般而言，税务稽查的具体步骤主要包括选案、检查、审理和执行。

1. 税务稽查选案信息的来源

税务稽查选案信息的来源一般包括：

①财务指标、税收征管资料、稽查资料、情报交换和协查的相关线索。

②上级税务机关交办的税收违法案件。

③上级税务机关安排的税收专项检查。

④税务局相关部门移交的税收违法信息。

⑤检举的涉税违法信息。

⑥其他部门和单位转来的涉税违法信息。

⑦社会公共信息。

⑧其他相关信息。

2. 增值税专项检查重点

对于增值税进行专项的检查，包括以下几方面。

①隐瞒销售收入。以代销为由，把那些发出的商品全部不计入账中去、延迟入账的具体时间；收到现金之后迟迟不计入账中。表现为主要产品账面数与实际库存的数量出现严重的不符情况。

②在收取价外费用时，并未计收入或将价外费用计入收入账户但未计提销项税金；对尚未收回货款或向关联企业销售货物，不计或延缓计入销售收入；企业发生销售折让、销售退回未取得购买方当地主管税务机关开具的进货退出或索取的折让证明，或未收回原发票联和抵扣联；企业以代购业务名义销售货物，少计销售收入；转供水、电、气等及销售材料不计销售收入的情况；混合销售行为未缴纳增值税。

③对非应税项目领用材料未作进项税额转出处理；对免税产品的原材料购进及领用单独核算，免税产品所用材料的进项税额未全额转出；企业转供物业、福利等部门材料，其进项税额不作转出。

④采购环节未按规定取得增值税专用的发票，货款支付是否

达成一致。

⑤生产企业采取平销手段返利给零售商,零售商取得返利收入不申报纳税,不冲减进项税额。

⑥为隐瞒销售收入,故意不认证已取得的进项票,不抵扣进项税额,人为调节税负水平。

⑦虚开增值税专用发票、用于骗取出口退税、抵扣税款发票罪是指完全没有或者没有真实的货物、劳务交易而为他人、为自己、让他人为自己、介绍他人虚开增值税专用发票或者虚开用于骗取出口退税、抵扣税款的其他发票的行为。

(二)刑事风险

1.虚开增值税发票罪

(1)客体要件

本罪所侵犯到的客体主要是国家对增值税专用发票和可用于出口退税、抵扣税款的其他发票的监督管理制度。

(2)客观要件

本罪在客观方面具体表现为没有货物购销或者没有提供或接受应税劳务而为他人、为自己、让他人为自己、介绍他人开具增值税专用发票或用于出口退税、抵扣税款的其他发票,或者即使有货物购销或提供或接受了应税劳务为他人、为自己、让他人为自己、介绍他人开具数量或者金额不实的增值税专用发票或用于骗取出口退税、抵扣税款的其他发票或者进行了实际经营活动,但让他人为自己代开增值税专用发票或用于骗取出口退税、抵扣税款的其他发票的行为。

(3)主体要件

本罪的主体均为一般主体,即达到刑事责任年龄且具有刑事责任能力的自然人均可构成。另外,单位也可成为本罪的主体,单位构成本罪的,对单位实行两罚制,对单位判处罚金,并对直接负责的主管人员和其他直接责任人员追究刑事责任。

(4) 主观要件

本罪在主观方面必须是故意,而且一般具有牟利的目的。在进行相关的实践过程中,为他人虚开增值税专用发票或可用于出口退税、抵扣税款的其他发票的单位和个人,一般都会以收取高额的手续费为目的,为自己虚开、让他人为自己虚开的单位和个人,一般都是以骗取出口退税、抵扣税款为目的,介绍他人虚开的单位和个人,一般都是以收取高额的中介费、信息费为目的。但以营利为目的并不是本罪主观上的必要条件。

2. 其他发票犯罪

其他发票犯罪主要包括以下几个方面:

①伪造、出售伪造的增值税专用发票罪。

②非法出售增值税专用发票罪。

③非法购买增值税专用发票、购买伪造的增值税专用发票罪;虚开增值税专用发票罪、出售伪造的增值税专用发票罪、非法出售增值税专用发票罪。

④非法制造、出售非法制造的用于骗取出口退税、抵扣税款发票罪;非法制造、出售非法制造的发票罪;非法出售用于骗取出口退税、抵扣税款发票罪;非法出售(发票)罪、盗窃(发票)罪、诈骗(发票)罪等。

(三)反避税

纳税人提供应税服务的价格明显偏低或者偏高且不具有合理商业目的的,或发生提供应税服务而无销售额的,税务机关有权按下列顺序确定销售额。

①按照纳税人最近时期提供同类应税服务的平均价格确定。

②按照其他纳税人最近时期提供同类应税服务的平均价格确定。

③按照组成计税价格确定。组成计税价格的公式为:组成计税价格=成本×(1+成本利润率)。

第二节 企业税收风险的识别

一、税收风险分析识别的概念

所谓的税收风险分析识别,就是依据所掌握的相关涉税信息数据和已经构建好的税收风险指标体系,把关于定性与定量的方法进行合理有效的运用,进一步对潜在的税收风险进行相关的分析,并对量化模型及数据挖掘技术和方法进行合理的运用,把税收风险很有可能会发生的大概区域、行业、纳税人及具体的税收风险发生环节和目标的过程寻找出来,为更好地应对、控制和排查风险提供具体的指向和明确的目标。

根据这个具体的定义,对税收风险分析识别的目的主要有以下两个方面。

(1)在进一步找出税收风险具体发生的来源、方向和具体目标过程中,要从错综复杂的税收环境中入手,这样做的好处就是能够使税务机关对于现在所面临的主要风险区域、风险行业、风险纳税人及具体的风险点有一个明确的定位,进而能够及时做出相应的措施和反应,更有针对性地去集中力量加以应对和控制。

(2)对税收风险发生的大致概率及隐藏的潜在的税收流失额度进行定性和定量的估算和预测。通过有针对性地对税收风险所发生的概率及税收流失额度进行估测,可以进一步使税务管理人员对税收风险发生所带来的潜在损失和后果有一个明确的大致了解,进而可以集中主要的力量去应对和控制税收流失较大的风险,并相对应地针对处理的效果进行适当的评价。

二、税收风险分析识别的分类与层级体系

税收风险分析识别,算是一个十分庞大的体系,按照不同的

层级范围来分的话,具体可以分为三类,依次是宏观税收风险分析识别、行业税收风险分析识别和微观税收风险分析识别。

(一)宏观税收风险分析识别

主要是通过对宏观税收经济指标、税收及相关法律制度分析、纳税人群体遵从态度和行为分类以及随机调查等方式进行,从总体层面上对于税收风险所发生的主要区域、行业、风险事项及群体等进行密切的关注,在整体程度上能够为宏观税收风险管理决策和规划提供可靠的依据,同时也可以进一步为微观风险识别提供明确的导向和指引。

宏观税收风险分析识别具体又可以分为以下几个方面。

1. 通过宏观经济发展趋势对遵从发展趋势进行衡量

通过宏观经济的具体发展趋势进一步对遵从发展趋势进行衡量,经过分析发现遵从水平变化的早期迹象及变化的主要趋势。如通过对增值税收入和 GDP 的相关比较做深入的分析,如果 GDP 变化总体上比增值税收入增长变化更快,那么这就可能意味着遵从缺口在不断地扩大,税收流失的风险在逐渐地增加;如果两者变动趋势呈现的是同步的具有一定的可比性的话,则就进一步证明总体遵从发展趋势是比较好的。

2. 从宏观上比较税收纳税能力和实际征收

从宏观上对税收纳税的主要能力和实际征收进行比较的话,通过对征收率进行相关的计算,就可以明确地分析并判断出征收率的整体水平和具体变动,也可以对征收率存在的一些不足的地区及所处行业进行分析识别,对税收征管所具有的潜力进行挖掘。又如,在成品油进行生产批发和零售产业链的相关过程中,通过汇总所有成品油生产企业的产量和库存,然后与各成品油零售企业的销售额进行整体性的对比,就可以轻易地发现成品油零售企业是否存在有未足额申报的税收风险。

3. 通过民意调查

在进行相关的民意调查中,通过从不同程度分析并研究公众的遵从态度和行为趋势,就可以在一定程度上为风险战略的整体管理和风险应对策略的整体改进提供具有决策性的支持。

4. 通过税收制度的风险分析识别

在对税收制度的风险进行分析识别的过程中,就可以进一步地发现已有制度和政策会在哪方面带来相关性的税收流失漏洞风险,同时也需要进行不断的完善;新的立法或规章制度的执行将会产生哪些较为复杂、关键的问题等。

5. 从宏观层面对纳税人进行分类、分析识别

深入地了解、掌握纳税人遵从风险,并相应地实施有效管理的手段,主要依靠从宏观层面重点入手,去详细地分类、分析识别纳税人。对纳税人进行分类,通常是按一定的规模、行业进行,当然也可以在一定程度上按照相关的税种、风险类型进行依次分类。如根据企业缴纳的税种就可以具体分为直接税风险和间接税风险,以至细分到每一具体税种的风险;根据税收管理的主要相关环节,就可以分为税收登记认定风险、未申报风险、低申报风险和入库风险等;根据业务类型可以进一步分为电子商务风险、避税港交易风险、现金交易风险、出口退税业务风险等。

根据相似风险特征对纳税人进行不同层次的分类,在一定程度上来说,有利于更加科学准确地对遵从风险进行具体的分析和识别,从而进一步为税收风险应对提供具有决策性的主要依据。

(二)行业税收风险分析识别

一般来说,行业税收风险分析识别是处于宏观和微观两者之间的一个中观层面,在整个税收风险识别体系中承担着承上启下的主要作用,同时还是税收风险分析识别的重要核心和重要组成

部分,宏观税收风险分析识别和微观税收风险分析识别的有机结合是其最基本的方法。

(三)微观税收风险分析识别

微观税收风险分析识别,主要是对纳税人所面临的税收风险作进一步的深入分析,把企业的主要税收风险源、风险环节及风险点查找出来的一个过程。

通过多种渠道对企业所涉税的信息数据进行相关的采集,把微观税收风险的指标体系完整地建立起来,把数理统计的具体方法及数据挖掘等智能工具适当地利用起来,重点分析识别、指出纳税人税收遵从风险的具体环节和目标,把微观税收风险的鲜明特点和规律总结和提炼出来,使税收风险分析识别的科学性和准确性得到一定的提高。

据相关资料显示,在国际范围内,税收高风险区域主要集中在一些大型公司、跨国交易及使用现金交易的业务等相关方面。

三、税收风险分析识别的作用

在对税收风险进一步管理的过程中,对税收风险进行分析识别具有非常重要的作用,具体说来,主要体现在以下三个方面。

(一)实现税收风险管理目标的必要途径和关键环节

只有通过具有一定较为科学的税收风险分析方法,才能进一步对税收风险发生过程中所呈现出来的规律有一定的掌握和详细的了解,发现和找到税收风险的来源和目标,只有做到这一步,才能合理地采用有效措施,有针对性地管理风险,才能使税收风险得以有效地控制并进一步做到排除,使税收风险管理的针对性和有效性得到一定的提高。

(二)体现了税收风险管理过程的科学技术性

对税收风险进行相关的分析识别过程,实际上主要就是将税收风险管理业务和现代科学技术有机融合到一起的一个整体性过程,通过对计算机信息技术手段进行合理有效的运用,并与科学的计量经济学、数理统计学等方法及现行税收法律法规适当地结合到一起,全方位、多层次地进行深入分析和研究,对于税收风险所发生的领域、行业和纳税人及风险环节会更相对容易找到。

因此,在一定程度上可以说,税收风险识别是对税收风险进行管理的科学技术性的一种明确体现,是对税收风险管理进一步深化的发展趋势,它在税收风险管理中处于一个核心和重要的地位,不但能够使税收风险管理的科学性和有效性在很大程度上得到有效的提高,还对提高税收风险管理的质效具有非常重要的意义。

(三)风险等级测度排序、风险应对处理等后续管理环节的基础

税收风险分析识别必须有着非常科学的准确性,只有这样,相应的风险预警和风险应对控制才能够发挥一定的效应。税收风险分析识别为风险等级测度排序提供了全面、具体的风险指向和量化估算预测,不仅为税收风险应对提供全面科学可靠的风险信息和风险指向,也为风险应对处理提供新的分析思路和分析方法,不断积累风险应对处理的风险信息和分析应对处理的经验,进而提高税收风险管理的专业水平和整体效能。

四、税收风险分析识别原则

为了能够进一步地对税收风险分析识别有效地开展,使风险分析识别的科学性和有效性得到很大程度上的提高,在落实到具体实施的过程中,就需要对以下工作原则有所遵循。

(一)规范化原则

(1)按照规范化把税收风险分析识别的相关制度和标准适当地建立起来,对于风险分析识别的岗位职责进一步予以明确,同

时与区域税源和税收的情况结合在一起,对于所要进行的风险分析识别的工作流程和主要内容进行确定,同时把风险分析识别的工作机制建立起来,根据不同层级的税收管理所制定的相关任务目标,把涉及税收风险分析识别的算法明确进行确定,对相关参数进行计算与适当的调整,最终建立起一个绩效考核机制等。

(2)不断地强化风险分析识别对各类税收风险的统一分析、集中管理,使那些出现在实际工作中的多头分析、各自为战的弊端尽量地得到避免,确保各级税务机关税收风险分析识别策略和方法能够做到规范化、标准化和一致性。

(3)进一步顺应征管数据和业务大集中的发展趋势,适度上收和集中风险分析管理职能及分析人员,提高总局、省市局在税收风险分析识别中的专业能力和水平,为建立全面科学的税收风险分析识别体系提供框架和指引。

(二)主导性原则

如前所述,税收风险并不是单一形式的,而是具体表现为多种形式,但是,整体上来说,税收风险管理主要是以纳税遵从风险管理为主,所以税收风险分析识别也可以进一步理解为以纳税遵从风险为主要分析识别对象,而其他如征管质量考核和税务执法风险只是作为一种辅助性的分析识别手段。

也就是说,只要对纳税遵从风险进行科学分析识别并得到及时有效的控制和排除,征管质量绩效考核就会相应地得到提高,从而能够有效防范税务执法风险并使税务执法风险降低。

(三)系统性原则

不论是税收风险的产生还是进一步的发展,都具有系统性的规律和特点,所以税收风险分析识别也应该对系统性原则进行一定的遵循,按照科学的流程对税收风险发生的规律和特点进行较为系统全面的分析识别,在入手的时候可以从不同的层次、不同的角度去进一步寻找税收风险具体发生的区域、行业和纳税人,这有助于把真正产生税收流失的漏洞寻找出来,即税收的风险点,对可能产生的税收流失后果进行相关的估算,对风险将会带来的危害程度进行测度,为能够及时采取有效的风险应对策略提供具有一定决策性的依据。

(四)专业性原则

由于税收风险是一个相对而言较为复杂的系统,所以就会包括不同层面、不同区域和行业、不同类型、不同性质、不同风险的损失程度。基于税收风险有着复杂性特点,也就会使得在对具体的分析识别算法进行选择时,必须要依据税收风险本身的特点进行,把现有信息数据资源研究适合于不同层面、不同规模和行业的风险分析识别算法及相关预警参数、系数标准结合到一起,从而建立起税收风险分析监控模型并对其进一步完善,把所具有的特点规律进行相关的总结后再予以分类应用,使风险分析识别的专业化水平在很大程度上得到一定的提高。

(五)科学化原则

(1)风险分析识别其实就是将相关的定性分析与定量分析结合在一起的整个过程,在这个过程中,会有其固有的流程路径和内在规律要求。

所以,风险识别在定性分析判断的基础上,更要对科学化原则进行相关的遵循,按照风险分析识别的规定具体流程和整体性要求,以科学的分析方法作为使用工具,整理并测算涉税信息数据,把真正的税收风险源分析识别出来,最终可以得出一个科学又合理的分析预测结果。

(2)应该对多种风险识别算法及相关标准进行合理的综合运用,通过反复的训练、校验,使具有普遍指导意义的风险分析监控模型形成,经过进一步的实践检验后进行推广并逐步地应用到全国范围内,使税收风险分析识别的科学性和准确性得到有效的提高。

(3)以纳税遵从风险分析识别为主,同时将税收风险分析识别方法和计量技术合理运用到税务登记、认定管理、发票管理、申报征收管理、纳税人满意度测评及税务执法风险等税收征管全过程中,将纳税遵从风险管理、纳税人满意度管理、税务执法风险管理系统并轨运行、有机结合到一起,从而建立起一个较为全面的税收风险管理防范体系。

五、税收风险分析识别的技术

(一)税收风险分析识别技术的应用现状

税收风险并不是单一性的,而是时时刻刻都处于千变万化之中,为了能够对税收风险及时进行防范和控制,就需要所用到的风险分析识别具有相应的前瞻性和时效性,而且税收风险分析识别要对海量的税收经济运行变化数据进行相应的加工处理和计算,所以这就进一步要求对计算机信息技术和分析技术进行合理、充分的运用,更好地促进税收风险分析识别高效运行和具体的实施。

目前,各地的税务机关在对进一步探索已经建立起的税收风险特征库技术中税收风险分析识别技术的应用已经积累了一定的经验,但由于各地税务机关进行的征管改革进程并不是一致的,也就导致税源经济结构和信息技术发展存在一定的差异,税收风险分析识别数据库技术的开发和优化改进尚存在一定差距,在技术应用方面,大多数还只是应用指标判别法进行风险识别,对建模分析技术的学习训练、深度开发应用不够,综合识别校验能力不强;很多地区主要是根据人工经验和其他地区的指标设置标准和参数,基本上没有合理准确的依据,税收风险分析识别的科学性、指向性和有效性有待于得到全面的提升。

(二)税收风险分析识别技术应用

税收风险分析识别主要是对计算机信息技术手段进行相关

的运用,然后在此基础上,把相应的数据挖掘分析与情报管理技术技能、信息系统设计和运行的技术和技能、应用数学、数理统计学和统计技术技能等综合运用起来并进行综合开发利用的一个整体过程。

根据训练样本是否带有类别标记的主要相关信息,可以具体地把税收风险分析识别应用技术分为两种,分别是有监督学习和无监督学习。

1. 有监督学习技术方法

对于已经给定的训练样本,分析模型需要适当地通过对这些带有类别标记样本的学习,把相关的模型结构及参数确定出来,然后在此基础上再对其他一些未知类别的样本进行相关的判断和识别,这类方法称之为有监督学习技术方法,也可以称为有参数的监督训练法、类比学习等。

正如人们通过已知病例的学习经验,对其他病人进行诊断的技术那样,计算机也是需要通过相关方面的学习,才能对其他样本的类别进行一定程度上的识别,进一步判断是否有病,病情严重的具体程度,如何进行合理的诊治等。

在数据分析挖掘的具体算法过程中,有很多统计和智能的方法都属于有监督学习技术方法,如判别函数法、人工神经网络、支持向量机、决策树以及遗传算法等随机方法。通常来说,国外运用监督的学习技术方法在税收风险管理实践中比较广泛一些,比如德国在增值税的相关风险管理过程中,首先建立了一个关于增值税欺诈案件在线数据库,一个循环骗税等重大骗税案件数据库,同时还建立了一个能够覆盖全国的增值税信息系统,并在此基础上对人工神经网络等智能技术方法进行有效的利用,对风险管理系统进行深入性的开发,其主要目标就是通过以系统化的方式能够自动地把存在高风险的增值税纳税人识别出来。这里的增值税欺诈案件数据库就相当于有监督学习技术方法中经常使用的有风险类别标记的样本及有关参数,主要运用到的是人工神经网络的技术方法。

2.无监督学习技术方法

有监督学习方法通常都会借助有类别标记的训练样本进行学习确定模型参数。

相反,当没有可以使用的类别标记样本时,就必须采取相关的应对措施,根据未知样本类别数据集内部所具有的明显特征,对分析模型算法进行适当的利用,让其能够自动去寻找一些分类的相关规律特征,并进行有效的分类和识别,这类方法也可以称之为无监督学习方法。

常见的无监督学习方法主要包括各种聚类分析算法、自组织特征映射算法、主成分分析方法以及综合评价方法等。

假设在同等条件下,对于这两类学习方法而言,如果有类别标记的样本及参数能够进行使用的话,有监督学习方法的识别精度和准确性相对于无监督学习方法来说,要高出很多。

但是,就当前整个形势来看,我国对税收风险识别的相关方面探索并不是很成熟,还处于一个起步阶段,关于欺诈案件数据库用于智能识别方法的学习训练也还没有建立起来,不过我们可以向美国的经验和做法进行相关的借鉴,进一步探索运用有监督学习技术方法中的判别函数分析方法,也可以通过无监督学习技术方法中的聚类分析方法进行综合校验,最终,使税收风险分析识别的科学性和有效性得到一定程度的提高。

(三)企业内部流程风险分析识别法

税收风险分析识别方法虽然有很多的类型,但是这里重点针对企业内部的流程风险分析识别法进行相关探索。

1.含义

它是将纳税人的具体涉税生产经营过程及其内在的一种逻辑关系绘成一幅完整的流程图,针对流程中的涉税关键环节和涉税薄弱环节进行税收风险分析识别的具体过程和方法。

一般来说,这种方法比较适合于那些对生产经营复杂、规模较大的集团企业进行有针对性的税收风险分析识别。

2. 流程分类

(1)按照流程路线的复杂程度划分

如果按照流程路线的复杂程度来划分的话,就完全可以将绘制的流程图分为两种情况,一类是简单流程图,一类是复杂流程图。

简单流程图主要是根据大致的流程对纳税人的具体纳税过程进行相关方面的分析,在进行风险识别的时候,用连线的形式将主要的流程内在联系勾画最后连接出来。

复杂流程图主要是通过用连线的形式,将生产经营过程中的每一个程序及各个环节连接起来,据以对纳税人的纳税过程详细地进行全面的分析,并进行相关的风险识别。

(2)按照流程的内容划分

如果按照流程的内容进行划分,就可以分为详细的内部流程图和外部流程图。

内部流程图主要是根据纳税人从一开始的生产经营、会计核算、计税依据、应纳税额的计算到申报缴税活动的全部流程路径绘制的流程图。

外部流程图则是根据纳税人从税务登记、纳税申报、税款缴纳、纳税评估、税务稽查等外部纳税活动为主要的流程路线进一步绘制的流程图。

(3)按照流程图的表现形式划分

如果是按照流程图的表现形式进行划分的话,那么就可以分为实物形态流程图和价值形态流程图。

实物形态流程图主要是以实物在生产过程中运行的主要路径而相应绘制的一种流程图。

价值形态流程图则是根据标有价值的流程路径绘制的相关

流程图。这些路径也在一定程度上反映了生产经营过程中的内在联系。

3.流程分析识别方法

流程分析识别方法，通常又可以分为静态分析和动态分析两种方法。

(1)静态分析，就是对流程图中所显现的每一个环节进行逐一的调查与分析，同时与税收政策相应地结合到一起，把那些潜在税收风险环节和风险点找出来，并进一步对风险可能造成的税收流失损失后果进行相关的分析。

(2)动态分析，则需要着眼于流程图各个环节之间具有一切关联变动的细小关系，把税收风险相对来说较为关键的环节找出来，对其具体风险点进行揭示。例如某服装公司的主料和辅料在进行相关的加工清洁后，都需要汇集到半成品的管理库，然后再开始下一步的具体缝制，那么，这里提到的半成品库就可以看作是整个生产流程中一个非常关键的环节，因为半成品库关系到公司的具体利益，如果半成品库发生了意料之外的重大事故，公司就会受到很大程度的重创，将很有可能会面临不能按照合同所规定的时间如期交货，最终形成产品责任风险，进而就会产生一系列的纳税风险。假如公司的产品有85%都需要外销到美国，那么这就会在很大程度上造成美国拒绝或减少购买中国成衣的因素，也就是该纳税人中断经营和销售的风险隐患，也是税收风险的主要来源和一个关键的风险点，因此，应该重点关注和分析识别。

六、不断完善企业的税收风险分析识别

实施税收风险管理的一份基础性工作就是要不断地做好风险分析识别，同时，做好相应的风险分析识别也是风险管理过程中最能明确体现出"信息管税"应用和防范风险的一个重要环节，因此，可以说其在整个风险管理中的地位都显得十分重要、不可

或缺。

根据我国现阶段的整体形势来看,大企业的风险分析识别并不是很成熟,具体主要表现在以下几个方面。

(1)不管是各处室还是各部门,都过度缺乏较为统一的指标设置,它们各自为政,长此以往就容易造成风险指标出现多头下发,需要有关部门做多次的应对工作。

久而久之,企业就会感到劳累,已经没有足够的精力去应对,甚至有时候极其容易产生具有强烈抵触的消极情绪;而且这也会在不同程度上造成税务机关人力资源的浪费。

(2)没有具有明显针对性的关于大企业的阈值设置,大多数的指标都是模糊不清的,并没有进行明确的区分。不仅如此,有些指标甚至对大企业根本起不到什么有效的作用。

(3)在深入分析工具和技术方面,没有一定的系统性和先进性。以前在对一个大企业的风险进行相关的判定过程中,通常都是根据各个处室所分析得出的具体指标、结合具体的规模情况等然后进行单户的分析,最终对风险等级进行确定是围绕人工判断展开,想要实现批量分析有难度,所以效率不高,随意性也很大。

而对于发达国家来说,它们进一步开展大企业税收风险管理过程中,合理地对现代信息技术进行了利用,并有针对性地开发了许多类型的信息系统,充分对数据进行了发掘并利用。在识别风险分析方面,澳大利亚巧妙地借助了"风险过滤器"工具,美国则建立了多种案例选案的模型。

而与它们相比之下,我国现阶段的风险分析识别工作还需要得到进一步的完善,必须找到适合我国当前的国情、便于进行操作运用的具体工具和科学的方法。

这里主要以江苏省常州市国税局为例,进一步采用差异化风险管理的具体框架,对风险分析识别方法进行深入挖掘,并在探索过程中建立起一个适合自己工作现状的税收风险识别框架,进一步对大企业风险状况进行评价。

税收风险识别框架主要采用从绝对值和百分比两个方面对

风险发生的可能性和可能产生的后果进行周全的考虑,通过把评估税收风险综合在一起,之后再进行相关的排序,进一步确定评估或审计选案的对象,并根据其重要性决定应对强度和应对的具体方式,以合理地对精力和资源进行分配。

根据国际上通用的分类理论来看,为了能在一定程度上使操作性有所增强,对于不遵从的可能性暂时设立了21个可描述性的指标,对不遵从的后果设立相应的指标阈值。通过横坐标和纵坐标上的指标交叉产生风险点,按户对大企业所有指标风险点进行综合分析后,根据不遵从的可能性和后果的严重程度形成不同的组合,将大企业依次进行排序,最终分成高、较高、中等、低四类风险。

一般来说,大企业税收风险识别框架是处于动态的,企业的风险定位很有可能随着情况的变化而进行相应的变化,即每年根据大企业的具体风险状况和经营情况变化适时对本次设立的21个指标进行相关调整,从而使大企业税收风险识别框架不断得到完善。在与企业进行税收风险定位及时沟通后,如发现该企业存在一些特殊情况,进行深入分析后,可以及时做出一定的调整。该框架在建立以后,常州市国税局的大企业风险分析识别工作取得了很大突破。

第三节 企业应对税收风险的主要措施

现代企业在进行相应的经营管理时,财务管理扮演着一个不可替代,具有非常重要的作用,而财务管理目标要想进一步得以实现,就需要依托于税务筹划的相关开展,但从当前税务筹划在现代企业财务管理中的具体开展现状来看,并不是很完善,还存在着比较多的问题,导致效果并不是很理想。本节在介绍现代企业采取管理开展税务筹划必要性的基础上,又详细地对开展过程中存在的相关问题进行了有针对性的分析,并相应地提出了改进措施,旨在更好地解决税务筹划时存在的问题,进一步提升企业财务管理水平。

一、现代企业财务管理中开展税务筹划的必要性

(一)促进企业管理水平的提升

对于企业的会计管理与经营管理工作而言,其有着三大构成要素,分别是资金、成本和利润,在有针对性地对税务筹划进行相应的调整后,能够最优先地对三者之间的关系做一个系统性的调整,从而使管理水平得到提高。

(二)促进企业偿债能力的增强

企业纳税的其中一个特点就是具有一定的强制性,当企业进行纳税之后,现金流出量必定会增加,在相应地实施具体的税务筹划后,有所程度地减少纳税的具体金额,现金的流出量也会得到相应的降低,很少会出现现金不足的问题,同时也进一步保证了企业能够按期偿还债务。

(三)促进财务管理制度更加完善

纳税具有的可筹划性,在进一步对税收制度进行完善的过程中,表现越来越明确,此种背景下,现代企业在开展相应的财务管理过程中,必须把税务筹划在内。

二、现代企业财务管理中开展税务筹划存在的问题

(一)缺乏全面的法律意识

现代企业在开展相关的税务筹划工作时,必须要合法,在最大限度上使企业的税负有所减少,保证企业具体的经济效益,但是,还是会有部分企业由于过分追求或盲目追求经济效益,而导

致税务筹划工作严重超出了法律允许的具体范围,和相应的法律法规形成强烈的冲突,最终做出违法行为。

现阶段,这种违法行为并不罕见,最主要的表现就是避税、逃税等行为,之所以出现这种行为,是因为企业决策者本身法律意识不是很强。从短时期来看,企业出现违法的偷逃税行为可能会使自身的现金流出量有所减少,但是如果长期来看,企业这种行为不仅难以对现有的税收收益进行享有,严重的话还会承担更多的损失。

(二)适应性及综合性不强

在现代企业中,开展税务筹划工作能如实地反映出其财务管理的具体行为,因此,在进行税务筹划的过程中,必须做到深入了解企业当前的具体财务状况、纳税状况,只有这样,才能稳妥保证与即将开展的工作一一对应。

企业在相继开展有关税务筹划的工作时,应该做到与财务的具体状况对应,但是,在众多的实际状况中我们依旧能够发现,想要形成一致的对应并不容易,这也就进一步导致税务筹划的工作要想得到完善存在一定的难度。

另外,企业对于税务筹划方案的具体制订也只是仅仅适用于现有的法律法规及特定的一些时期,一旦法律法规出现巨大的改变后,就意味着税务筹划的方案也需进行调整和改变,但是从现状来看,这种适应性相对较弱,甚至还会频频出现违背法律法规而继续发展的现象。企业在深入开展税务筹划工作过程中,因未能全方位对各个影响因素予以统一的关注,在接下来的实践中就很有可能忽略某个因素,从而在一定程度上制约企业长足与稳定的发展。

(三)对税收成本方面过于注重

之所以进行税务筹划,就是为了能够在最大程度上去帮助企业在合法的前提下降低成本。企业在经营的过程中,税收成本会严重影响经营效率,但是如果从整体上来看的话,税收成本也只是众多影响因素中比较重要的一个,除此之外,还包含其他相关的影响因素。

与此同时,在税收的相关作用下,税务筹划还能增加企业资金的流动性,因此,在对税收作用进行衡量的时候,不能单纯对降低成本进行考虑。然而,现实却是相反的,我国目前多数企业开展税务筹划时,过于注重税收的成本,对成本的最低化一味地追求,甚至为了降低成本,出现偷逃税等违法行为。

(四)开展时过于理想化

由上述分析我们能够清楚发现,企业在深入开展税务筹划工作的过程中,必要条件为一定的目标,该目标需要与企业的现状相一致,杜绝盲目制订不切实际的目标。

现在,在我国众多的企业中,仍避免不了有一部分企业盲目开展税务筹划,结果导致各个税种的统筹工作无法得到有效的实施,对税务筹划后的结果予以过高的期望,最终,会使实际工作结果与预期目标出现严重偏离,对于税务筹划应有的作用发挥造成一定的限制。

三、改进现代企业财务管理中税务筹划的对策

(一)提高企业的重视程度

现代企业在有针对性的经营具体过程中,应该把税务筹划理念贯穿在一起,在宏观上做到合理把握,微观上进行较为详细的细查,对各个细节进行探究,最终实现税务筹划的具体目的。由于以往的现代企业管理层在从事财务管理时,对于成本控制过于重视,因而就导致整体上的财务支出减少,预期效果难以达到。

因此,在企业的管理层中,必须重点宣传税务筹划工作的重要性,使得管理层在一定程度上提升税务筹划工作的具体认知,

进而提高对此项工作的重视程度,科学地对各个部门及分支结构进行调整,合理地开展税务筹划工作。

(二)促进代理机构市场化

税务筹划是一项专业性比较强的工作,这也就进一步要求企业自身必须具有比较高的管理水平,如果该项工作的开展仅仅依靠企业自身,那么在进行推动的过程中时间就会比较长,而且还有着比较高的难度,因此,为了能够使税务筹划得到良好的发展,应对代理机构市场化进行积极的促进。在税务代理机构发展的具体过程中,必须要高度重视人才,把机构内部的实际情况及市场需求适当地结合起来,构建一种科学的用人制度、培训制度,对人才有一定的吸引力,留住人才,并保证人才所掌握的专业知识为行业中最新的。

此外,行业自律需要进行不断的加强,对于代理机构及从业人员职业道德的建设也要适时地进行强化,这样才能够使其职业道德水平得到一定的提升,对于代理工作科学的开展有一个稳妥的保证,使税务筹划对企业财务管理的作用得到充分性的发挥。税务代理机构实现市场化后,运作将会变得更加的规范,促使税务筹划真正地服务于市场经济。

(三)健全相关法律法规建设

在税务筹划发展的过程中,法律具有十分重要的作用,税收法律法规趋近于完善时,能够强有力地规范及保护税务筹划工作。发达国家之所以能够快速地发展税务筹划工作,主要原因为其税收制度比较完善,而且相对处于稳定的状态中。与发达国家相比,我国税法制度不完善的地方还比较多,一定程度上影响了税务筹划的发展。

鉴于我国税法的特殊性,应将税收立法级次最大限度地提升,尽快地制定、颁布税收基本法,将现行税法中存在的过于分散的问题消除;对于税收法规中存在的不公平之处,积极地做出修改,避免漏洞的存在,发挥其应用的保护作用。相关法律法规不断健全的同时,还应加大法律的宣传力度,增强企业管理层的法律意识,促使其在法律允许范围内开展税务筹划工作。

此外,国家相关部门要关注企业税务筹划工作,一旦发现存在违法乱纪的行为,则要及时处理,通过合理与规范的惩处,以及适当的奖励与肯定,以此防止企业漏税与逃税,调动企业税务筹划的积极性与主动性,促使企业开展规范的税务筹划工作,促进此项工作的良好发展。

现代企业税务筹划工作开展后,有利于将企业税收支出成本有效地进行降低,提高企业的经济效益及财务管理水平,但在开展过程中,相关部门还应制定完善的保障措施,以促进税务筹划的发展。

(四)加快税务筹划专业人才培养,聘用专业的税务筹划专家

税务筹划是一门综合性较强、技术性要求较高的智力行为,也是一项创造性的脑力活动。相比一般的企业管理活动,税务筹划对人员的素质要求较高。税种的多样性、企业的差别性和要求的特殊性、客观环境的动态性和外部条件的制约性,都要求税务筹划人员有精湛的专业技能、灵活的应变能力。因此,企业应加大这方面的投入,一方面,在高校开设税务筹划专业,或在税收、财会类专业开设税务筹划课程,尽快满足高层次的税务筹划的要求;另一方面,对在职的会计人员、筹划人员进行培训,提高他们的业务素质。对于那些综合性的、与企业全局关系较大的税务筹划业务,最好还是聘请税务筹划专业人士如注册税务师来进行,从而进一步降低税务筹划的风险。

本章小结

本章通过对营改增之后企业将面临的风险及规避进行重点

第六章　营改增后企业面临的税收风险及规避

探索,进一步了解到营改增作为目前规模最大的结构性减税措施,其最大的特点就是减少重复纳税,促使社会形成更好的良性循环,有利于企业降低税负。对税收风险管理理论的研究和实践的探索,目前还处于起步阶段。加强税收风险,特别是税收征管风险的理论研究和实践探索,是当前和今后一段时期税务行业的一项重大命题。同时本章也进一步分析了税收风险的具体内涵、营改增后的税收风险、企业税收风险的具体识别情况和面对税收风险企业应该采取怎样的措施。

第七章 我国现行税务稽查制度解读

在"将纳税申报和优化服务作为基础,将计算机网络作为依托,集中征收,重点稽查,强化管理"的现行征管模式之下,税务稽查在整个税收征管体系中将会扮演越来越重要的作用。税务稽查制度不只是税务机关确保国家税收法律、法规及政策落实实施的主要手段和大力发挥税收职能作用的一个十分重要工具,还是创造一个公平、公正的市场竞争环境、形成一个讲信用的社会氛围,保护企业纳税人正当权益的一个有效途径。伴随我国社会主义市场经济的持续发展,税收法制化进程越来越快,税务稽查制度将会在税收管理中扮演越来越重要的角色。

第一节 我国现行税务稽查制度的基本规定

所谓税务稽查则指税务稽查部门进行的专业检查,是通过税务稽查部门依据法律组织实施的针对纳税人员、扣缴义务人履行缴纳税款义务、扣缴义务情况以及有关税款事情给予检查处理,以及紧紧围绕检查处理所开展的有关工作。税务稽查在税收征收管理工作中发挥着至关重要的作用,属于税务机关以国家的名义依据法律对纳税人的缴纳税款情况给予检查监督的一种形式。我国现行税务稽查制度具有以下基本规定。

一、税务稽查的原则

所谓税务稽查的原则指税务稽查执法需要遵循的紧紧围绕

稽查工作的准则。具体来讲,税务稽查包含合法原则,实事求是原则,公开、公平、公正原则,效率原则,以及分工制约原则。

(一)合法原则

所谓合法原则指税务机关在稽查执法环节,需要遵循法律法规、符合法律法规,禁止做出与法律法规相抵触的事情。不仅要与实体法相符,同时还要与程序法相符。税务稽查合法性原则通常表现在四个方面,分别为主体合法、权限合法、程序合法以及依据合法。

(二)实事求是原则

所谓实事求是原则指税务机关在稽查执法环节,务必查清事实真相,力求事实清楚、证据确凿、信息准确以及资料完整,不允许将个人的主观猜想臆断作为依据,必须力求客观事实,对税务案件做出既客观又正确的处理。

(三)公开、公平、公正原则

所谓公开指税务机关在稽查执法环节,除了法律、法规、政策规定禁止公开或禁止泄露的事项之外,需要依据法律把执法相关信息向行政相对人和社会公民群众公开,从而使他们了解且有效参与和监视、督促税务稽查执法权力的运行。所谓公平指税务在稽查执法环节同样对待,不分厚薄,在执行处罚标准时做到统一,不会由于稽查对象不一样的社会身份、性质以及地位而进行区别对待。所谓公正指税务机关在稽查执法环节应当一视同仁,保持处理处罚标准的统一性,不因稽查对象的社会身份、性质和地位不同而采取差别对待。公正是指税务机关在执行自由裁量权的时候,需要合法恰当,禁止由于执法人员的主观猜想、臆断对执法的公正性造成影响。

(四)效率原则

所谓效率原则指税务稽查针对税收行政效率原则的落实和

彰显。效率原则的中心则是凭借最小的执法成本来获得最高的执法效益。该原则贯穿了税务稽查选案、检查、审理以及执行每一个环节。

(五)分工制约原则

税务稽查部门查明处理税收违法案件的时候,采取选案、检查、审理以及执行分工制约原则,也就是税务稽查部门开设选案、检查、审理以及执行部门,它们各自从事选案、检查、审理以及执行工作。所有稽查执法人员在每一个环节分工明确,彼此配合,可以有效地增强执法人员的专业技术能力和提升它们的执法效率。在进行专业化分工之后,各项环节均会程度不一地受到其他环节的监督制约,进而形成在稽查执法权力方面的监督制约机制。

二、税务稽查的职能

所谓税务稽查职能指税务稽查部门在执法过程中所固有的功能。通常情况下,税务稽查的职能主要包含四项职能,分别是处罚警诫职能、监控职能、收入职能以及教育职能。

(一)处罚警诫职能

所谓处罚警诫职能指税务机关在查明处理税收违法案件环节中,通过依法给予稽查对象以行政处罚警诫以及其他制裁,同时把涉嫌构成犯罪行为的稽查对象移至公安机关等诸多手段,起到惩罚税收违反法律规定行为的作用。处罚警诫职能来自法律、法规、政策赋予税务部门的税收行政处罚权,彰显了税收的强制性。

(二)监控职能

所谓监控职能指税务机关检查各个企业纳税人和扣缴义务

人有关经营管理情况、财务部门核算情况以及相关申报缴纳税款与代扣代缴税款情况的整个过程,能够起到监督制约稽查对象有没有既全面又正确同时及时地执行法定行为的作用。

(三)收入职能

所谓收入职能指税务机关凭借税务稽查执法活动所发挥的增加税收收入的作用。财政职能决定税务稽查的收入职能,从而彰显惩罚处理税收违法违规行为以及完成稽查以查促管的结果。

(四)教育职能

所谓教育职能指凭借税务稽查部门对税收违法违规案件的查明处理,能够教育稽查对象和其他缴纳税款人、扣缴义务人,从而发挥引导纳税遵从这一重要作用。税务稽查的教育职能不仅能够凭借对稽查对象的查明、处理以及惩罚过程进行实现,而且能够凭借公告、各大新闻媒体曝光等诸多传播手段扩大稽查部门执法的影响范围,形成教育众多纳税人、震慑税收违法违规活动的良好效果。

三、税务稽查的任务

(一)查明处理税收违法违规案件

查明处理税收违法违规案件是税务部门针对涉嫌具有违法违规行为的某些特定的纳税人、扣缴义务人以及诸多其他税务当事人给予调查取证,同时对违法违规事实给予处理处罚的过程。各个税务稽查部门不仅能够凭借严格的稽查执法程序,找到、查明和处理重大税收违法违规行为,而且能够凭借设立税收违法违规案例举报点,将受理企业和个人的检举线索集中在一起,处理上级所下达的以及相关部门转交办理的案件,查明处理税收违法违规行为。不仅如此,各个税务稽查部门还能够加大增强同司法部门的合作,对那些涉嫌税收违法违规犯罪的案件依法转交司法部门,追究刑事责任。

(二)牵头组织进行税收专项检查和区域税收专项整治

所谓税收专项检查指国家税务总局或各个省级税务局统一组织针对一些行业抑或是跨地区经营管理的大型企业某个缴纳税务期间的经济活动、财务部门会计记录以及申请上报缴纳税务情况给予系统查看、分析、审核,找到问题且依据法律进行处理的一项活动。它包含两个方面,分别是某些特定行业的专项检查和对某些特定纳税项目给予的专项检查。所谓区域税收专项整治指税务稽查部门针对诸多迹象表明税收秩序明显不正常区域的税收管理和纳税人,遵循税收法律、法规、政策情况给予全面查看抑或是调查的执法行为。无论是税收专项检查还是区域税收专项整治均需要各个税务机关的税收政策、征收管理、法规政策、稽查等部门共同参与,这里稽查部门发挥牵头组织作用。

(三)打击发票违法违规犯罪活动

所谓打击发票违法违规犯罪活动指税务部门配合公安等诸多相关部门针对制售、使用虚假发票和虚构开具、违法违规代开发票等一系列违法违规行为给予调查取证且依据法律处理的行为。我国已经专门成立了由相关部门参与的全国打击发票违法违规犯罪活动工作协调小组,该协调小组将办公室设立在国家税务总局。全国各个地方也纷纷设立了有关的协调机构,针对发票违法违规犯罪行为进行综合治理。全国各个级别的税务部门分别开设了打击发票违法违规犯罪活动领导小组,同时把领导小组办公地点开设在各个级别的税务稽查部门。目前,税务部门打击发票违法违规犯罪行为的任务通常包含两个方面:其一是同有关部门联合在一起开展虚假发票"卖者市场"整顿治理工作,也就是将重点放在制售、贩卖虚假发票的违法违规犯罪行为上;其二是联合在一起开展虚假发票"买者市场"整顿治理工作,也就是对购买、使用伪造发票的各个企业、国家行政机关、事业单位以及社会团体等诸多单位和个人给予查明处理。

(四)开展常规性税务稽查

常规性税务稽查属于税务部门有组织地针对税收管辖范围之内的纳税人、扣缴人履行纳税义务和扣缴义务情况给予查明和处理的执法行为,它的最终目的在于找到纳税人、扣缴人的涉嫌税务问题,加大税收安全,防范重大、特大税收的流失,具有诸多优点,如组织性、针对性、全面性等。

第二节 税务稽查工作的步骤与方法

税务稽查工作包含四个步骤,分别是选案、检查、审理以及执行。这四个步骤彼此独立、彼此制约、彼此监督,推动了税务稽查的合理化和制度化建设。所谓税务稽查方法指税务部门和税务检查人员在稽查过程中,为了发现税收违法违规问题,将诸多有关证据收集起来,依法使用的诸多手段和措施的总称。企业财务人员可以吸收借鉴税务稽查工作的方法,这有助于发现所在企业纳税管理工作存在的一些问题,从而方便及时给予改进。

一、税务稽查工作的步骤

(一)选案

所谓选案指选择和明确税务稽查对象,属于税务稽查的一项十分重要的步骤。在税务稽查具体工作中,一些企业也许几年受到税务稽查,但是一些企业也许频频接受税务稽查,因此,企业财税人员十分想搞清税务机关是如何选案的。选案部门对稽查对象给予选取,且对税收违法违规案件查明处理情况给予跟踪管理。通常情况下,税务稽查对象通过以下所提到的四种方法产生。

1. 通过对案源信息给予分析,选取稽查对象

选案部门针对税源使用计算机分析、人工分析以及人机结合分析等诸多方法给予筛选,发现存在税收违法违规嫌疑的,需要明确待查对象。等到待查对象确定之后,选案部门填写税务稽查立案审批表,同时在立案审批表中附加相关资料,经过税务稽查局局长审核批准之后立案检查。

税务稽查局的税源信息通畅包含:财务各项指标、税收征收管理资料、稽查信息、情报交换以及协助调查线索;上一级别的税务部门下达的税务违法违规案件;上一级别的税务部门开展的税收专项检查;税务局有关部门转移来的税收违法违规信息;检查的涉嫌违法违规信息;其他企业和部门转移来的涉嫌税收违法违规信息;社会公开信息;其他方面的有关信息。

2. 根据税务局有关部门转移来的税收违法违规信息,筛选稽查对象

税务局有关部门转移来的税收违法违规信息,稽查局部门经过筛选没有立案检查的,需要及时通知移交信息的部门;如果移交信息的部门同样认为有必要立案检查的,经过所归属的税务局领导审核批准之后,税务稽查局给予立案检查。

3. 根据举报情况,明确稽查对象

国家税务总局和各个级别的国家税务局、当地的税务局在稽查局开设税收违法违规案件举报点,对企业和个人税收违法违规行为的检举进行授权办理。税收违法违规案件举报点需要对检举信息给予分析、研究以及筛选,将各种情况区别开来,经过稽查局局长审核批准之后分别给予处理。

4.对上级税务机关所指定和税收专项检查安排的稽查对象,需要立案检查

经过批准立案检查的,需要由选案部门制作税务稽查工作通知书,附上相关资料一起转交给检查部门。

(二)检查

税务检查属于税务稽查工作的中心步骤,税务检查需要遵循法定权限和程序执行。具体来讲,税务检查涉及以下几个方面:

1.下达税务检查通知书

检查部门在收到税务局检查工作通知书之后,需要及时安排相关人员进行检查。而相关检查部门在检查之前,需要通知被检查对象确切时间、需要用到的资料等,不过预先通知对检查造成影响的排除在外。

检查需要由多于两名的检查人员配合实施,同时需要对被检查对象出具税务检查证件和税务检查工作通知书。税务检查需要在实施检查那天开始60天之内完成;明确需要延长税务检查时间的,需要通过稽查局局长的亲自批准。

2.调查取证

税务人员进行税务检查的时候,遵循法定权限和程序,能够使用实地检查、调取账簿信息、询查存款账户抑或是储蓄存款、异地协助调查等诸多方法。

3.实施税收保全的情况以及做法

(1)实施税收保全的情况

检查从事生产、经营管理的纳税人以往纳税期间的缴纳税款的时候,发现纳税人存在偷税、漏税、骗税等诸多逃避纳税义务行为,同时存在十分明显的转移、隐藏其需要缴纳税款的商品、货物等诸多财产或应当缴纳税款收入迹象的,在经过所属税务局局长

批准之后,能够准许采取税收保全这一措施。

(2)税收保全措施

税务稽查局在采取税收保全这一措施的时候,需要向纳税人员送交税收保全措施决定书,通知被检查对象为什么采取税收保全措施,以及采取税收保全措施的具体内容和理由,同时依据法律通知其申请行政复议和进行行政诉讼的权利。具体来讲,税收保全措施通常包含冻结纳税人员开有户头的银行或其他金融部门的存款,禁止动用商品、货物等其他财产,禁止使用有产权证件的动产以及不动产。

4.逃避、拒绝或者通过其他方式阻挠税务检查的相关规定

被检查对象具有以下四种情形之一的,根据《税收征管法》和《税收征管法细则》所涉及的逃避、拒绝或者通过其他方式对税务检查造成影响的规定处理:其一,提供的资料不真实,没有如实反映税收情况,或者没有配合税务稽查部门的工作提供相关资料的;其二,没有提供或阻止税务检查机关记录、录音、录像、拍照、复制与税收违法违规案件相关资料的;其三,在税务检查期间转移、隐藏、丢掉相关信息的;其四,存在其他没有依法接受税务稽查部门的税务检查行为的。

5.中止检查的情形

具有以下三种情形之一,导致税务检查工作中断的,税务检查部门可以填写税收违法违规案件中途停止检查审批表,同时附加上有关证据资料,在经过税务稽查局局长审核批准之后,中途停止检查:其一,当事人被一些机关剥夺人身自由的;其二,账簿、记账凭据以及相关资料被国外机关合法调取同时还没有归还的;其三,法律、法规、政策或国家税务总局所提到的其他能够中途停止税务检查的。

6.终结检查的情形

具有以下三种情形之一,导致税务检查不能进行的,税务检查部门可以填写税收违法违规案件结束税务检查审批表,同时附上一些证据资料,转交审理部门受理案件,经过税务稽查局局长审核批准之后,结束税务终结检查:其一,被检查税务对象已经去世或被依法宣告去世或依法注销,同时没有财产可以抵消需要缴纳的税款或没有法律规定的税收义务承担主体的;其二,被检查的对象违法违规行为已经超越法定追究期限的;其三,法律、法规、政策或国家税务总局所规定的能够终结检查的。

7.出具税务稽查报告

税务人员在税务检查环节,需要制作税务稽查工作底稿,且如实记录税务案件,收集相关证据、资料,同时签字、标明日期。在税务检查尚未结束时,税务检查人员可以把所发现的税收违法违规事实和依据通知被检查的对象;必要时,可以向被检查的纳税人员发出税务事项通知书,要求其在规定的期限内书面说明,同时提供相关资料;被检查的纳税人员口头说明的,税务检查人员需要给予如实记录,然后由当事人签章。

(三)审理

1.审理工作的一般规定

税务审理部门在收到检查部门转交的税务稽查工作报告以及相关证据、资料,需要及时安排人员给予审理。审查处理人员在审核之后,提出书面审查处理意见,由审查处理部门负责人审核。如果税务案件错综复杂,那么税务稽查局需要集体审查处理;如果税务案情重大,那么税务稽查局需要遵循国家税务总局相关规定书面报告、请示所属税务局集体审查处理。

审理部门可以根据各种情况,把税务稽查工作报告以及相关的证据、资料退回检查部门,并且要求它们补充更正或补充调查。

2. 税务行政处罚事项告知书的出具

拟对被检查的纳税人员或者其他涉税当事人采取税务行政处罚措施的,向其送达文件——《税务行政处罚事项告知书》,并且告知其依法享有陈述、申述辩解以及要求听证的权利。

3. 制作税务稽查审理报告

审查结束后,审查处理人员需要制作税务稽查工作审理报告,然后由审理部门负责人审查核实。审理部门根据不同的情形做出不同的处理:其一,认为存在税收违法违规,需要给予税务审查处理的,拟制税务处理决定书;其二,认为存在税收违法违规行为,需要给予税务行政处罚的,拟制税务行政处罚决定书;其三,认为税收违法违规行为比较轻微,依法能够不给予税务行政处罚的,拟制不予以税务行政处罚决定书;其四,认为不存在违法违规行为的,拟制税务稽查结论。

(四)执行

1. 正常执行

税务执行部门无论是在收到税务处理决定书,还是税务行政处罚决定书,抑或是不予以税务行政处罚决定书及税务稽查结论等诸多税务文书之后,需要依据法律及时把税务文件送达被执行人手中,被执行人需要在规定期限之内上交税款、滞纳金以及罚款。

2. 需要强制执行的情况

其一,被执行人员没有根据税务处理决定书所标明的期限上交或解缴税款的,税务稽查局在经过所属税务局局长审核批准之后,能够依据法律法规实行强制执行措施,抑或是依据法律规定申报请示人民法院进行给予强制执行。

其二,经稽查局所明确的纳税担保人并没有在规定的期限之内上交所担保的税款、滞纳金以及罚款的,责令其限定日期上交;逾期仍然没有上交的,经过所属税务局局长审核批准之后,能够依据法律适用强制执行措施。

其三,被执行人针对税务行政处罚决定书所规定的行政处罚事项,超过规定的期限没有申请行政复议也没有向人民法院提起诉讼,同时没有履行的,税务稽查局在经过所属税务局局长审核批准之后能够依据法律实行强制执行措施,抑或是依据法律申报请示人民法院给予强制执行。

3. 强制执行的方法

税务稽查局在对被执行人员实行强制执行措施的时候,需要向执行人员发送税收强制执行决定书,且通知其为什么实行强制性执行措施以及实行该措施的具体内容,同时通知其可以行使依法申请行政复议的权利或是进行行政诉讼。其一,以被执行人开有户头的银行抑或是其他金融部门的存款缴纳税款、滞纳金以及罚款;其二,拍卖、变卖被执行人员商品、货物抑或是其他财产,把拍卖、变卖所得用于抵缴税款、滞纳金以及罚款。

4. 制作税务稽查执行报告

被执行人员在规定期限中缴清税款、滞纳金以及罚款抑或是税务稽查局依据法律实行强制性执行措施或者稽查局依法采取强制执行措施追查交纳税款、滞纳金以及罚款之后,执行部门需要制作税务稽查执行报告,并如实记录执行的整个过程、最终结果、实行的执行措施加上所用到的税务文书等诸多内容,然后执行人员签名且标明日期,附上执行过程中所涉及的其他税务资料一块转交审查处理部门整理归档。如果在执行环节发现涉嫌税务犯罪的,那么执行部门需要及时把执行现状传达审查处理部门,同时提出转移至公安部门的建议。

5. 中止执行的情形

在执行环节发现以下四种情形之一的,需要由执行部门填写税收违法违规案件中止执行审批表,同时附上相关证据资料,在经过税务稽查局局长审核批准之后,中止执行:其一,被执行人员去世或被依法宣告去世,还无法确定可以执行财产的;其二,被执行人员介入破产清算程序还没有终结的;其三,司法部门或其他国家部门对可执行财产给予依法查封、扣押以及冻结的,导致执行被中断暂时不能进行的;其四,法律、法规、政策和国家税务总局明确规定其他能够中止执行的。在中止执行情形消失之后,需要及时填写税收违法违规案件解除中止执行审批表,然后经过税务稽查局局长审核批准,恢复执行。

6. 终结执行的情形

被执行人员的确不存在财产抵缴税款或者遵循破产清算程序的确不能清缴税款,或者存在其他法律规定终结情形的,税务稽查局可以填写税收违法违规案件终结执行审批表。遵循国家税务总局所规定的相关权限和程序,经过税务局有关部门审查核实且上报至所属税务局局长审核批准之后,终结执行。

二、税务稽查工作的方法

(一)账务检查方法

所谓账务检查方法指对税务稽查对象的财务报表、财务账簿、财务凭证等诸多资料给予系统审查,用来明确税务稽查对象上交税款的客观性和真实性的一种方法。具体来讲,财务检查方法包含以下几个方法。

1. 顺查法

所谓顺查法指依据财务业务处理流程,依次给予检查的一种方法。该方法适用于那些业务规模相对较小或业务量相对较少的税务稽查对象,加上经营和财务管理混乱不堪、涉及重大问题的税务稽查对象和某些极其重要项目的检查。

2. 逆查法

逆查法与顺查法的税务审查顺序恰恰相反,是指依据财务记账程序的相反方向,通过报表、账簿寻找到凭证的一种检查方法。该方法通常适用于那些对规模庞大的企业以及内部控制制度完善、内部控制管理十分严格的企业的检查,不过并不适用于那些极其重要和不安全项目的检查。

3. 详查法

所谓详查法指针对税务稽查对象在检查期间的每一项经济活动、有关经济业务和财务资源管理的部门以及经济信息资料,适用十分严格的审查程序,给予仔细的审核检查。该方法适用于那些规模不大、经济业务不大、财务核算不复杂、核算对象相对单一的企业,或者为了发现重大问题而给予的专项案件检查,加上在整个检查环节针对一部分特定项目、事项所给予的检查。所以,详查法对于那些管理涣散、业务不简单的企业,以及税务检查的主要项目和事项的检查十分实用,通常情况下均能够取得良好的效果。该方法同样适用于那些对停止经营企业的检查。

4. 抽查法

所谓抽查法指从被税务稽查的所有对象中抽取一些资料给予审核调查,然后依据调查的最后结果推算、断定总体的一种方法。该方法可以划分成两种,一种是重点抽查法,也就是依据检查目标、要求或事先所了解的纳税人员相关缴纳税款的情况,有针对性地筛选一些财务资料或存货给予重要检查;另一种是随机抽查法,也就是采取随机方法,筛选纳税人员一定时期或一定领域的财务资料或存货给予审核检查。

5.审阅法

所谓审阅法指通过对被稽查的纳税人员相关书面资料的信息和数据给予仔细检查和分析、研究,为了找到疑点和线索,获得税务检查凭证的一种检查方法。该方法适用于每一个企业经济业务的检查,特别适合存在数据逻辑关系和审核查对依据内容的检查。

(1)原始凭证的审阅

审查阅读原始凭证的时候,需要注意有没有更改或虚构伪造的一些现象和印记,所记录的经济业务是不是与财务制度的规定相符,是不是具有业务负责人员的签字或印章。

(2)记账凭证的审阅

在审查阅读记账凭证的时候,需要重点审核调查企业的财务处理是不是与《企业会计准则》以及国家统一财务制度的各项规定相符,把审查阅读过的原始凭证同财务记账凭证上的财务科目、明细科目、资金数额一一对照观察,分析其究竟是否客观地反映了实际情况,有没有错误作弊、掩盖的情形,财务记账凭证的编制、再次审核、记账、审批等签字有没有齐全。

(3)账簿的审阅

审查阅读财务账簿,包含审查阅读稽查对象所持有的原始凭证是不是齐全完备,财务账簿记录的相关信息与原始凭证中的记录有没有一致,财务分录的编制或账户的运用是不是恰当,货币收支的金额是不是正常,成本核算究竟是不是与国家相关财务制度的各项规定相符,是不是与检查目标的其他方面的要求相符,如税金核算的客观性要求、税金的增加减少与企业经营管理能力变化之间的关系等。

(4)财务报表的审阅

审查阅读财务报表的时候不能只对资料本身给予评价,更重要的是针对资料内容所反映的经济活动整个过程和结果给予客观的判断或评价。

(5)其他财务资料的审阅

对于财务资料之外的其他资料给予审查阅读,通常是为了获取更多详细的信息。在具体工作中究竟需要审查阅读哪一部分资料,则需要根据检查时的具体情况具体分析。

6.核对法

所谓核对法指对与书面资料有关的记录内容,或对书面资料中的记录内容和实物给予彼此核对,从而验证其有没有相符的一种检查方法。

(1)财务资料之间的相互核对

财务资料的核对成为核对法中一项最基本的同时也是最重要的内容和步骤。凭借财务资料之间的相互核对,能够发现财务核算环节的疑点和问题的线索,能够更深一步开拓检查思维和方向。

(2)证证核对

证证核对不仅包含原始凭证同有所关联的原始凭证之间的核对、原始凭证同原始凭证汇总表之间的核对,同时包含记账凭证同原始凭证之间的核对、记账凭证同汇总凭证之间的核对。

(3)账证核对

所谓账证核对指把财务凭证和有所关联的明细账、日记账或总账给予审核查对。凭借账证核对能够对某个企业的财务核算的客观性和可靠性给予判断,有利于发现且凭此查证有没有多记、少记或误记等诸多财务错弊,从而帮助检查人员节省很多检查时间,精简检查过程,使检查效率越来越高、检查的正确率越来越高。

(4)账账核对

所谓账账核对指把总账与有关的明细账、日记账给予核对,以查清楚各个总账科目与所归属的明细账究竟是否统一。验算总账与所归属的明细账、日记账的统一性成为进行总账检查不可或缺的一项步骤。

(5)账表核对

所谓账表核对指把报表与相关的账簿记录一一核对,不仅包含把总账和明细账中的记录与报表一一核对,同时包含报表与明细账、日记账之间的记录一一核对,以查清账表记录是否统一,报表之间的钩稽关系是否发生异常。

(6)账实核对

所谓账实核对指采取实物盘存与账面数量之间的比较、金额计算审核查对的方法。通过核实存取货物的账面记录与实际仓库中的存放是否一致,有助于查明实物是否存在安全隐患、数量是否存在不正确之处,实物的存在价值与账簿上记载情况是否不一致,各种债权、债务是否真正存在。

(二)分析方法

所谓分析方法指使用各种各样的分析技术,针对同企业财务资料有所关联的财务管理信息,加上税收核实清算情况给予详细和有的放矢的审查、核实及分析,目的在于确定涉税线索和疑点,同时采取追踪检查措施的一种方法。

1.控制计算法

所谓控制计算法指使用官方的或准确的数据,运用数学公式来进行推测、验证账簿中记载情况是否真实,进而发现问题的一种方法。该方法通常使用以下方法:以产控耗、以耗控产、以产控销、以支控销等。

2.比较分析法

所谓比较分析法指把企业财务资料中的相关内容和数据,在一定的时期中、指标中、企业中以及区域或行业中给予静态或动态比较分析,从而发现问题,找到检查线索的一种方法。

(1)绝对数比较分析法

所谓绝对数比较分析法指凭借经济指标绝对数值的直接对

比分析进行估量企业经济活动的成效和差异性的一种方法。

(2)相关比率比较分析法

所谓相关比率比较分析法指使用财务资料中两个内容各不相同但存在关联的经济指标计算出新的指标比率,然后与这一指标的计划比率抑或是上一期比率给予对比、分析,从而衡量其性质和大小,进而找到异常情况的一种方法。

(3)构成比率比较分析法

所谓构成比率比较分析法指凭借计算某一经济指标的所有组成部分所占据总体的比重,分析、研究其构成内容发生哪些变化,从而找到异常变化和异常情况的一种方法。

3.相关分析法

所谓相关分析法指把有所关联的被检查的项目给予对比、分析,找到其中的差异性,同时搞清楚经济业务中可能出现一些问题的一种分析方法。

(三)调查方法

所谓调查方法指在税务检查环节,使用观察、检查、外调及盘存等诸多方法,对被稽查的纳税人员与实务相关的管理情况、销售方法、财务管理、库存等给予检查、审核是否属实的一种方法。

1.观察法

所谓观察法指检查人员在仔细检查现场,例如车间、仓库(包含外部仓库)、经营场地以及基建工地等,针对被稽查事项或应当审核是否属实的事项给予实地视察和分析,考察企业生产、供应、销售、运输各个环节的内部经营管理情况,掌控程序和各个环节的具体情况,从中发现可疑之处和问题,找到有关凭证的一种方法。

2.查询法

所谓查询法指对审查环节所发现可疑之处和问题,采取调查和询问的方式,证明一些问题或获取需要用到的资料,以方便更深一步调查的一种方法。查询法根据各种查询方式,可以划分为两种,一种是面询法,另一种是函询法。其中,面询法也称作询问法,是通过检查负责人员当面了解情况、审核情况是否属实的一种检查方法;函询法则指依据检查需求,根据已经确定的函件格式,提出需要审计证明的问题或事情项目制作成函件,送至相关企业或个人,依据其回答来获得相关资料,抑或是求证一部分问题是否的确存在和存在程度如何的一种检查方法。

3.外调法

所谓外调法指对可疑之处的凭证、账簿中记载情况或其他经济业务,凭借委派检查人员到被稽查的纳税人员之外、与此项业务有所关联的企业、个人的实地调查,抑或是委托发生地税务部门协助调查,从而找到问题凭证的一种检查方法。该方法通常用在外部证据的检验、查证或取证方面。外调包含两种,一种是函调,另一种是派人外调。

4.盘存法

所谓盘存法指凭借对货币资产和实物资产的清点及清查进行确定其形态、数量、价值、归属权等是否与账簿中的记载情况一致的一种检查方法。

(四)电子查账法

1.数据采集

数据采集是对企业电算化资料进行检查的第一步。
(1)数据采集前的准备工作
①拟订检查方案,包括稽查对象、检查时间、具体负责检查部门、税务文书的准备。
②稽查人员分组和分工,一般情况下,稽查小组应指派两名

以上稽查人员负责电子数据采集工作,其中一名稽查人员负责电子采集笔录。

③取证设备的准备,稽查组应根据实际需要配备足够数量的笔记本电脑、移动存储设备、网络连接线、光盘刻录机、可刻录光盘、封存包装物等电子取证装备。具备条件的检查小组还应携带摄影机和相机,对现场状况以及现场检查、提取电子数据、封存物品文件的关键步骤进行录像和拍照,并将录像带和照片编号封存。

(2)采集的信息种类

需要采集的信息涉及三大类:一是财务核算信息,通过"标准接口"或"财务数据转换系统"的形式采集不同版本财务软件的数据;二是征管信息,通过"标准格式"将征管信息采集到查账系统中来;三是金税系统信息,通过"标准格式"将金税系统开票及认证信息采集到查账系统中来。

(3)数据采集过程的控制重点

①控制计算机等设备。控制电脑设备就是控制企业的计算机(工作站)、服务器和有关设备如光盘、U盘类存贮介质。基于电子数据的易改动性,企业人员有可能对电脑中的数据进行删改,为稽查人员获取真实资料设置阻力和困难。到达企业后,应立即要求现场人员停止操作计算机,并立即切断各台计算机的网络连接;防止现场人员将笔记本电脑、移动硬盘、U盘、软盘等可作移动存储用途的设备带离现场;对有网络设备的,要尽快找到存放会计财务和业务数据的服务器,加以控制。

②控制财务电子数据。搜索会计、出纳和凭证录入员等人员的计算机,如是网络连接方式,要确定服务器的 IP 地址并向其了解存贮数据库的服务器存放位置;搜索其电脑工作站中的各种 Excel 电子报表和各部门之间往来的电子文件或个人记录企业日常经营运作的 Word 文件,进行拷贝。

③控制进、销、存等部门的电子数据。

④控制有关主管人员的电子数据。企业主管领导及关键部

门负责人电脑中往往存储着非常重要的电子数据,如账外账、账外经营收入的数据,对检查工作起到至关重要的作用,应与财务电子数据同时、同样采取控制措施。

2. 电子数据的整理

电子资料的整理是指通过技术手段对提取的电子数据进行账套恢复和重建,以发现和提取与案件相关的线索和证据,最终形成检查分析报告并传送给相关的稽查人员。具体是指对后台业务数据库、财务数据库和前台 Office、WPS 等办公文档,通过计算机技术或其他相关技术,如数据库技术、解密、数据恢复或专业的查账软件系统等,对电子取证时备份的案件数据进行读取、筛选、归类、统计、分析等,将取得的企业财务数据恢复成账册、报表的形式,建立模拟企业账务处理系统和服务器后台数据库系统,供稽查人员使用。

电子数据的整理工作一般仅对未封签的备份数据进行。经过整理分析后,应制作数据分析报告,筛选获取数据中与企业涉税有关的电子数据,为下步检查工作开展做好准备。

3. 电子数据的疑点分析

对整理好的企业标准账套的检查,电子检查与手工检查在检查方法上并无太大的区别,但稽查人员可以利用电子化稽查查账系统提供的强大检索功能和在线指导功能,尽快发现和归集疑点,确定检查重点,并对疑点进行人工核查。

(1) 稽查软件自动发现疑点

①会计科目及分录比对。根据查账软件设置的标准会计科目对采集来的电子数据进行科目自动比对,检查企业各种错误会计分录和异常情况,同时还可以根据实际需要进行科目调整和添加。在会计业务中,会计科目有正常的对应关系。在电子查账系统中,可以运用标准科目进行大量的标准化稽查模型的预先定制,有了这些预先定制好的稽查模型,稽查人员就可以方便地查

看某些涉税科目的对应关系,发现存在的疑点。如银行存款贷方对应的一般是收入科目,如果对应的是成本费用类科目,就可能是应税收入直接冲减成本,从而造成少缴相关税款。

②表表核对。通过对企业财务数据、查账软件自动生成的财务报表、企业上报的财务报表、征管系统中企业纳税申报表及金税系统中企业开票数据、防伪认证数据进行核对,验证企业纳税申报和财务核算数据的一致性。

③指标分析。根据查账软件预设的分析模型,采取指标联动的办法,对企业的投入、产出、收益、税收等各方面的数据进行关联性分析,可直接以图表的形式反映分析结果,帮助稽查人员进一步分析税收负担的合理性,对企业财务、管理、税收等各方面的数据进行完整性分析,提供疑点和稽查重点。

④科目余额比对。按照正常会计核算要求,设置有关条件,对会计科目余额、发生额的异常情况进行分析,将会计科目和发生额的异常情况自动提示出来,提供检查走向。

⑤模糊查询及频率抽样。按记账凭证的关键字、种类、摘要、时间、操作符号、内容等进行模糊查询,可以查到每一张凭证的具体内容,然后可按照频率抽样审核办法,对会计凭证及会计科目按照一定比例进行抽样审核,对审核中发现的疑点,结合人工核查进行确认。

⑥经验模型提示。利用查账系统预先写入的疑点分析模型,如"应收账款"贷方有余额,企业的主要收入项目利润率、主要产品的单位利润率、单位销售成本率、单位销售费率在同行业、同类项目的合理水平范围之外等,可以获得疑点提示。经验模型是一个动态经验归集,稽查人员可以根据个人的稽查经验进行筛选和应用。

(2)人工核查确认疑点

目前开发研制的查账软件尚不能独自完成整个稽查过程,必须与人工的审核相结合。对于稽查查账软件发现的疑点,要根据检查要求和企业的实际情况,采用疑点核对、发票稽查、账外调查、异地协查等必要手段进行疑点确认,取得相关证据,确认涉税违法过程、手段及性质,将确认的问题复制到稽查底稿。

第三节 企业应对税务稽查的方法与策略

税务稽查工作属于税收征收管理体系的一大环节,无论是对维护税法的尊严,还是创造一个公平、公正的税收环境,抑或是确保税收任务的较好实现发挥着十分重要的作用。依法纳税属于企业的基本义务。有时候,企业会频频受到税务部门的稽查,这时一些正确的方法与策略来应对税务稽查就显得十分必要。

一、企业应对税务稽查的自查方法

(一)应对主营业务收入稽查的自查技巧

税务机关在对一些企业进行稽查以前,常常会要求企业先给予自身检查自身纠正,这对企业来讲是一个十分好的降低风险的机会。而且被税务机关查处存在问题与自身查出存在问题之间存在本质上的不同。因此,究竟能否做好自我检查自我纠正对企业来讲至关重要,那么企业该怎样进行主营业务收入自我检查自我纠正呢?

具体来讲,企业应当对"主营业务收入"等诸多收入类明细账与增值税缴纳税款申报表及有所关联的发票、收款凭据、工程决算书等诸多原始凭证给予仔细核对,从而检查已经完成的工程结算收入是否及时足额缴纳税款。

1. 主营业务账务处理技巧

处理好主营业务的账务核算,有助于从源头上将风险控制在萌芽状态,避免被稽查,或者即便被稽查也不容易让税务机关发现漏洞。纳税人应当掌握以下几个财务处理技巧:其一,企业销售货物或提供劳务实现的收入,应按实际收到的或应收的金额,借记"银行存款""应收账款""应收票据"等科目,按确认的营业收入,贷记本科目;其二,采用递延方式分期收款、具有融资性质的销售货物或提供劳务满足收入确认条件的,按应收合同或是协议价款,借记"长期应收款"科目,按应收合同或是协议价款的公允价值(折现值),贷记本科目,根据其差额,贷记"未实现融资收益"科目;其三,通过库存商品进行非货币性资产交换(非货币性资产交换具有商业实质且公允价值可以可靠计量)、债务重组的,应按该产成品、商品的公允价值,借记有关科目,贷记本科目;其四,本期(月)所发生的商品或货物的销售退回或销售折让,按应冲减的营业收入,借记此科目,按实际支付或应当退回的金额,贷记"银行存款""应收账款"等科目;其五,确认建造合同收入,按应确认合同费用,借记"主营业务成本"科目,按应确认的合同收入,贷记此科目,根据其差额,借记或贷记"工程施工——合同毛利"科目;其六,期末应将本科目的资金余额转至"本年利润"科目,结转后此科目应没有余额。

2. 主营业务收入的自查

(1)检查发票管理有没有存在问题

如果发票管理中存在一些问题,那么能够采取查阅发票存根联、记账联,把发票存根联同供应货物合同核对等方式寻找线索,有时候应与购货方进行核对,其通常采用以下方法。

其一,检查发票内容有没有与实际情况相符。通常查证发票上面的物品名称、数量、单价、金额究竟是否与实际情况或市场行情相符,如果发现发票内容存在异常情况或者发现物品的数量明显多于购货企业正常需要量,就需要更深一步追踪查对核实;

其二,检查有没有违反规定的发票。对于那些缺少税务部门"发票监制章"的发票,抑或是套印已经不适用的"检印""发票专用章"等发票,都属于违反规定的发票。与此同时在查证的时候,还需要查证是否存在用收据取代发票的情况;

(2) 检查入账时间是不是正确

对于这种类型的问题来讲,查证的时候通常根据主营业务收入凭证和账簿中的记载情况(发票、提取货物单、运单、相关记账凭证、主营业务收入明细账以及总账、应收账款明细账等),检查企业所售出的商品是否与现行财务制度相符,有没有存在不记、少记、漏记以及误记等现象。

(3) 检查入账金额是不是正确

对于这种类型的问题来讲,审查人员在查看收入明细账记录的时候还需要查看一些原始凭证,检查其账户中所对应关系是不是正确,且审查核定其原始凭证,看账证是不是相符,内容是不是正确。如果出现账证不符,那么必然存在收入的一部分转移至应当支付或应当收款项账户的情况,能够在此线索的基础上进行进一步调查询问。有时候还需要向购货企业调查一些情况。

(4) 检查有没有存在虚增收入、虚减收入的情况

对于这种类型的问题来讲,审查人员能够对企业前后销售收入进行比较,分析其有没有存在一些明显的变化来发现线索,有时候可以查看企业主营业务收入明细账,然后查看相关的记账凭证以及原始凭证。由于这一情况通常属于企业虚拟业务,税务稽查人员在审查这一笔财务凭证的时候,也许发现仅仅存在记账凭证,而并不存在原始凭证,或者虽然存在原始凭证,但是其内容虚假、零碎。

(5) 检查销售折让、折扣以及退回处理缺少规范性的情况

对于这种类型问题的检查通常体现在以下三个方面:

其一,检查销售折让。包含被审查的企业之所以给予对方折让的原因是不是的确因为商品质量或种类与合同要求不相符,有没有存在故意降低价格出售产品,而在此过程中营私舞弊的情况;受审查企业所发生的销售折让有没有的确付给买方,有没有存在被经手人员中间截留的情况。

其二,检查销售折扣。包含审查销售折扣的一些规定是不是明确,有没有故意抬高或压低折扣,达到调整主营业务收入目的

的情况;审查有没有故意抬高折扣而从买方那里获得好处的情况。

其三,检查退回处理。包含审查销售退回的真实性,退回手续的完整性,退货是不是验收入库,是否存在没有把货物退回的情况发生;审查货款有没有已经退还至对方,是否如数冲减了企业主营业务收入,有没有存在经办人从中贪污的情况发生。

(6)检查索赔款处理不符合规定的情况

对于这种类型的问题,审查人员能够凭借查看"营业外收入""营业外支出"抑或是其他相关账户、凭据进行发现。假如其中存在列支销售商品出现索赔款的情况,需要审查这笔业务的财务资料,对相关情况给予调查、分析,确定其列示的账户是否真实,有没有虚列索赔款进行徇私舞弊的情况发生。

(二)其他业务收入稽查

所谓其他业务收入指企业从事排除销售商品或提供劳务等诸多主营业务收入在外的每一项凭借销售商品、提供劳务收入以及出让资产使用权等诸多日常活动中所出现的经济利益的流入。例如,工业企业中原材料销售的收入、运费、房屋租赁收入以及无形资产转让收入等。通常情况下,这些业务并非企业的主营业务,以上业务的金额不多,而且并不时常发生,存在十分大的不确定性。

如今,伴随市场细化、竞争越来越激烈,以及越来越多的企业开始从事跨界经营管理活动以寻求生存、发展,开始使用各种各样的资源和优势开展多种多样的经营管理活动,从而使企业的其他业务持续增加。所以,其他业务收入也越来越成为税务部门的一大重要稽查方向。

1. 其他业务收入存在的常见财务错弊

(1)入账时间提前或滞后

其一,入账时间提前。这里入账时间提前指一部分企业为了完成所规定的任务或掩盖亏损的事实,常常把应当在下一个月或下一年度入账的收入一同列入本期。其二,入账时间滞后指一部分企业对已经获得的收入很长一段时间不入账,这一做法会产生两大后果,第一是使当月利润与实际情况不符;第二是很容易造成贪污和个人挪用公款的事情发生。

(2)入账金额不正确

具体来讲,具有漏记、虚增或隐瞒等一些方式:其一,虚假列出固定资产的租金、包装物的租金等一些其他业务收入,从而达到虚增利润这一目的;其二,少计或没有计算其他业务收入(特别是一些没有时常发生的收现业务),从而达到隐瞒利润,抑或是个人贪污、挪用公款这一目的。

(3)列示的内容、范围不符合相关规定

一部分企业没有遵循相关规定,为了达到少缴纳税款这一目的,擅自把商品销售收入列到其他业务收入之中。

(4)财务处理不规范

这种财务处理方面的不规范,通常包含以下四种情形:其一,其他业务收入在获得之后,记到费用等账户中;其二,其他业务收入在获得之后,直接相互抵消"其他业务支出""管理费用",并未记到"其他业务收入"账户之中;其三,其他业务收入在获取之后,仅仅记到"其他业务收入"账户之中,却并未结转相应成本和支出,这明显与配比原则不符;其四,把归于商品销售收入抑或是营业外收入、投资收益获得的收入误列到其他业务收入之中。

2.税务机关对其他业务收入的稽查重点

税务机关对其他业务收入的稽查分成两个步骤:首先需要审查记到"其他业务收入"账户之中的其他业务收入,是否属于应当征收增值税的收入;如果属于应当征收增值税的收入范畴,那么需要采取核对的方法分析其有没有计提了销项税额。税务机关对其他业务收入的稽查重点如下所示:

(1)对其他业务收入没有计提销项税额情况的稽查

其一,销售材料所获得的收入没有计提销项税额。根据相关规定,企业通过销售材料获得的收入,需要记到"其他业务收入"账户中的贷方,对购买货物的一方或多方所收取的增值销项税额需要记到"应交税费——应交增值税(销项税款数额)"账户的贷方。不过在现实生活中,一部分企业却把通过销售材料所获得的收入记到"其他业务收入"账户之中,但是并未提取销项税额。这一问题成为税务部门检查的重点。

其二,伴随商品销售的包装物收入而并没有计提销项税额。通常来讲,伴随商品销售的包装可以分为两种情况,一种是没有给予单独计价的包装物,另一种则是给予单独计价的包装物。伴随商品销售没有给予单独计价的包装物的价值而计到企业的产品销售费用之中。

其三,征收增值税劳务实现的销售收入而没有计提销项税额。这里征收增值税的应税劳务则指纳税人员提供处理、加工、维修、修配方面的劳务。需要根据《增值税暂行条例》的相关规定上交增值税,适用的税率为17%。如果工业企业销售应当缴纳税款的劳务时,根据所获得的应税劳务收入,需要借记"银行存款"等账户,贷记"其他业务收入""应交税费——应交增值税(销项税额)"账户。

对于那些征收增值税的需要缴纳税款的劳务而并没有计提销项税额的情况,税务机关会对"其他业务收入"中的账户同其相应的账户给予检查,看究竟有没有计提销项税额,假如"其他业务收入"账户仅仅对应"现金""银行存款""应收账款""应收票据"等账户,则意味着并未计提销项税额,需要进行补缴增值税。

其四,混合销售并非应当缴纳税款劳务所获得的收入而没有计提销项税额。所谓混合销售指一项销售行为不仅有关货物而且有关非应税劳务。这里非应税劳务指属于应当纳税的交通运输行业、建筑行业、金融保险行业、邮电通信行业、文化体育行业、娱乐行业、服务行业税目征税范畴的劳务收入,在财务核算时同商品以及工业性处理加工的销售是分别核点计算的,在现实生活中,这一部分销售收入常常会被隐匿起来。使用这种手段通常情况下属于兼营非增值税应当缴纳税款劳务的纳税人。

对混合销售的并非应当缴纳税款劳务的税收稽查来讲,税务部门最先会明确纳税人的混合销售行为究竟是不是征收增值税,假如确实征收增值税,然后看其财务处理方法是否恰当。稽查纳税人的"其他业务收入"的明细账及总账,如果确实属于销售商品或应当缴纳税款劳务而从购买方那里获取的非应税劳务,需要对比"应交税费——应交增值税(销项税额)"账户给予检查。如果"应交税费——应增值税(销项税额)"账户并未将非应税劳务销售内容反映出来,则意味着纳税人应当缴纳税款劳务隐瞒申报没有缴纳税款,需要进行补缴税款。

其五,兼营并非应当缴纳税款劳务所获得的收入既没有分别核算,同时没有提取销项税额。纳税人的销售行为假如不仅涉及商品或应当缴纳税款的劳务,同时涉及非应当纳税的劳务,则属于兼营非应税劳务。对于那些兼营非应税劳务所获得的收入没有分别核算销售额的,则需要根据税法规定征收增值税。

其六,通过销售材料所获得的收入没有入账,不仅未作销售处理,而且没有进行计提销项税额。一部分工业企业通过销售材料所获得的收入并没有入账,也没有进行销售处理,没有提取销项税额而偷税。

其七,企业通过销售水、电、气等获得的收入而没有计提销项数额。一部分工业企业为了满足自身的生产需求自己开设供水系统(或外购水),不仅如此还供应其他企业、本企业工作人员以及周围居民生产、生活方面的用水。还有一部分企业把自己所生产的气,不仅供应本企业生产和运营管理部门用气,而且对其他企业、本厂工作人员以及周围居民供应气。这里的销售收入极容易出现没有计提销项税额的情况,均属于税务部门稽查的重点。

(2)检查纳税人实际做的各种业务是否规范、合理

检查其规模有没有超出正常范围,从而防止企业、工作人员

向其他企业低价销售本企业正在用的材料、零部件等对企业的利益带来损害的事情发生。

(3)纳税人对出租包装物的账务处理

税务部门审查核定出租包装物租金有没有记到"其他业务收入"账户,需要做"营业外收入"处理的超过期限没有退还包装物押金,有没有错误记到"其他业务收入"账户。除此之外,税务机关同时会对出租、出借包装物明细账、总账和往来账户给予检查,同时查看相关凭证给予审查。

(4)对技术转让收入的稽查

所谓技术转让指技术商品转让,诸如商标、技术专利、优秀技术成果和新产品开发等一些技术商品的转让。税务机关在技术转让审查的时候具有以下五个方面的要点:其一,技术转让的许可协定抑或是转让合同的内容是否如实、完整、合理、合法,有没有容易引起争议和纠纷的模糊条款。其二,转让的技术有没有经过国家某些部门的鉴定证明,防止企业弄虚作假、骗取国家对优秀技术运用的优惠政策。其三,技术转让收入计算有没有正确,有没有把与技术转让没有关联的收入列入的现象。而且,还需要审查收入记录是不是完整,有没有隐瞒、转移收入等一些问题。其四,技术转让所支付的成本、费用是不是与事实相符,有没有把与技术转让没有关联的费用、成本列进来。其五,技术转让收支的剩余数额有没有超过国家所规定的免除征收所得税剩余数额的界限,如果超出界限,纳税人有没有上交所得税。

(5)对固定资产出租收入的稽查

所谓固定资产出租指纳税人凭借出租固定资产获取收入的一种方式。税务机关的审查重点如下所示:其一,对固定资产出租合同给予审查,查清楚固定资产出租之后保管、维修的责任,所出租的价格是否存在不合理之处。通常看租出的固定资产是不是确实属于企业暂时并不需要用到而租出的,租出的时候所规定的条款是不是合乎情理,是否与国家一些政策规定相符。其二,审核调查固定资产出租收入的账簿中所记载的情况是不是正确,是不是均已经到账,是否存在隐匿出租的固定资产、可以隐瞒收入的情况出现。其三,审核调查出租固定资产的手续是不是均齐全,是不是获得相关部门批准、签名认可。出租的那些固定资产有没有进行财务记录。出租的那些固定资产是不是具有一些专业人士给予登记管理。

(6)对外运输、非工业性劳务收入

对于这种类型的临时性收入来讲,企业常常并没有严格的经营管理制度,而通过运输部门征收资金或在出售商品的时候开发票收款。税务机关审核调查这种类型业务收款凭证的时候,会核查计算这项劳务收入与所消耗的原料、人工等成本,有没有得不偿失,收入有没有报账,或以多报少,从此过程中私分、贪污的情况出现。除此之外,还需要查清楚业务性质与商品销售收入之间界限模糊,误将这种类型的收入列到商品销售收入的情况。

二、企业应对税务稽查的策略

(一)做好接受税务稽查的准备工作

税务稽查属于税收征收管理工作的一项至关重要的环节,属于税务机关以国家的名义依法对纳税人的缴纳税收情况给予检查监督的一种方式。而税务稽查部门在对税务人员给予检查之前,需要告知被检查的纳税人员检查时间、需要用到的材料等,不过预先通知的对检查造成影响的除外。而纳税人员在收到税务稽查通知之后需要从容镇定,事实上,税务稽查在通常情况下所执行的为年度性或者季度性巡回检查,是具有常规性质的一种检查,并不针对某个企业、某个人。通过群众举报或发现可疑点而进行的针对性较强的稽查仅仅是极少数情况。

1. 及时准备检查材料

通常情况下,税务稽查部门均会提前告知纳税人的检查时间、所需要用到的材料。企业的财务人员在收到通知之后需要及时把税务稽查事项告知相应的领导,最好根据通知中的规定合理安排时间,假如在时间安排方面存在问题,需要向税务部门的相关负责人员讲明原因,更改稽查时间。

企业的财务人员还需要督促一些人员把有关税务凭证及时送到财务部门,且做好财务凭证、财务账簿、财务报表、缴纳税务申报资料的收集、整理、装订、标识等诸多准备工作,这能够有助于税务稽查人员节省很多检查时间,有助于税务稽查工作朝着顺利的方向进行。

2.分析了解税务稽查的意图

(1)日常稽查

日常稽查属于税务稽查部门有组织地对税收管辖范围之内的纳税人以及扣缴义务人,尽到纳税义务和扣缴义务情况给予检查和处理的一种执法行为。日常稽查通常情况下并没有明确和实质性质的目的,纳税人根据《税收征管法》的规定认真配合税务部门的稽查工作,通常不会带来十分大的纳税风险。

(2)专项稽查

所谓专项稽查指稽查局根据上一级别的税务部门的统一安排或所下达的任务,针对管辖范围之内的某些行业、某些纳税人、某些税务事宜的一种执法行为。专项稽查可以将有限的人力、物力以及财力集中起来,解决带有普遍性的问题,不仅收效非常快,而且方向也十分大。国家税务总局经常会选择一些带有普遍性的问题,在全国范围内开展专项税务稽查,纳税人只要满足专项稽查的范围,就会受到稽查,专项稽查通常情况下也不会带来较大的纳税风险。

(3)专案稽查

专案稽查是指稽查局依照税收法律法规及有关规定,以立案形式对纳税人、扣缴义务人履行纳税义务、扣缴义务情况所进行的调查和处理。专案稽查一般是针对较为严重的税务违法行为进行的,通常不会预先告知,主要采用突击检查的方法。适用于举报、上级交办、其他部门移交、转办以及其他所有涉嫌税收违法案件的查处,纳税人员可能面临较大的纳税风险。

3. 做好稽查前的补救措施

(1)争取时间,开展自查

纳税人在收到《税务检查通知书》后,在分析了解税务稽查意图后,应争取时间,开展自查。主要自查的内容包括会计科目使用的正确性、外来发票的真实性、自制原始凭证的规范性、财务摘要的准确性、财务凭证的填制、财务账簿的登记是否存在错误,企业应纳税款的计算是否准确,存货是否做到账实相符,往来账是否存在问题,财务报表的编制是否符合要求等。

(2)完善手续,补充资料,更正错误

对自查中发现的问题,纳税人应及时完善相关手续,补充必要资料,做出合理的解释和说明。如果发现账簿记录有错误,应按规定的方法进行更正,不得涂改、挖补或用化学试剂消除字迹。企业自查发现的错账,主要是当期产生的财务差错,更正方法包括以下三种:

其一,划线更正法。划线更正又称红线更正。如果发现账簿记录有错误,而其所依据的记账凭证没有错误,即纯属记账时文字或数字的笔误,应采用划线更正的方法进行更正。

其二,红字更正法。红字更正又称红字冲销。在财务上,以红字记录表明对原记录的冲减。红字更正适用于以下两种情况。一种情况是根据记账凭证所记录的内容记账以后,发现记账凭证中的应借、应贷会计科目或记账方向有错误,且记账凭证同账簿记录的金额相吻合,应采用红字更正。另一种情况是根据记账凭证所记录的内容记账以后,发现记账凭证中应借、应贷的会计科目和记账方向都没有错误,记账凭证和账簿记录的金额也吻合,只是所记金额大于应记的正确金额,应采用红字更正。

其三,补充登记法。补充登记又称蓝字补记。根据记账凭证所记录的内容记账以后,发现记账凭证中应借、应贷的会计科目和记账方向都没有错误,记账凭证和账簿记录的金额也吻合,只是所记金额小于应记的正确金额,应采用补充登记法。

(二)做好税务稽查人员的接待与沟通工作

企业应热情接待税务检查人员,态度不卑不亢、实事求是,企业在接受税务检查过程中,应与税务检查人员保持愉快的沟通,建立与检查人员相互信赖、相互尊重的关系,避免产生不必要的怀疑,使检查工作顺利进行。

1. 针对不同稽查类型安排接待工作

(1)事先告知税务稽查的接待

由税务机关事前预告日期的税务稽查,最好是如约接受,确因临时有事不能按预定时间接待检查,要向税务机关的有关负责人说明原因,变更日期。纳税人不要频繁变更检查时间,否则会让税务机关产生稽查对象有意回避检查的结论。

税务机关通常会在一周前发出《税务检查通知书》,若企业有税务代理,多数会通过税务代理进行联络,纳税人应与税务代理进行沟通,听取税务代理的建议安排税务稽查接待工作。日常的税务稽查时间为两天到一周。在税务稽查开始时,最好请稽查人员说明大体的预定检查时间。一般来说,在税务稽查期间,纳税人没有必要为配合检查而停止工作。

对于事先告知的税务稽查,纳税人在检查之初,若能和税务稽查人员保持愉快沟通才是技高一筹的做法。在相互沟通和交流中,纳税人要创造与稽查人员之间的相互依赖、相互尊敬的关系,使税务稽查顺利进行。税务稽查之初的沟通具有双重意义:一是可以建立相互信赖的关系,使税务稽查顺利开展,不浪费时间;二是不让税务稽查人员产生怀疑,给后面的检查提供方便。

(2)突击税务稽查的接待

如果税务稽查人员突然到单位进行检查,首先应该让税务人员说明检查理由。在常规税务检查的情况下,若没有单位法人代表或主要负责人的同意,检查通常不可能进行,纳税人可以拒绝检查。

税务人员突然检查,通常情况下是已经掌握了偷税证据,通过突然"袭击",使纳税人无法掩盖事实真相。在这种情况下,税务人员在检查之前就已经确定了检查重点,如果检查一段时间没有发现问题,多数情况下检查就不会再继续下去。

纳税人在接受突击税务稽查时,应该有礼有节地对待税务稽查人员,避免和税务稽查人员发生正面冲突。

(3)强行税务稽查的接待

税务机关如果有确凿证据证明纳税人有偷漏税行为且金额较大,通常会采取强行税务稽查行为,一般会有公安等执法部门配合,这种税务稽查无须纳税人同意。在这种情况下,聘请税务代理提供帮助已经没有什么作用了。纳税人将被以刑事案件起诉的可能性极大,这时最好直接去找辩护律师,通过法律手段解决问题。

2. 积极主动与税务稽查人员进行沟通

(1)请求稽查人员表明身份

当检查人员进入企业进行税务检查时,企业有权要求检查人员出示税务检查证和税务检查通知书;未出示税务检查证和税务检查通知书的,纳税人有权拒绝检查。

对于税务人员检查证的使用,国家税务总局《税务检查证管理暂行办法》规定:税务检查证是税务机关的法定专用检查凭证,由国家税务总局统一制定,采用全国统一编号,发放对象为各级税务机关专门从事税务检查工作的税务人员,只限于持证人本人使用,但各级税务机关聘用的从事税收工作的临时人员、协税员、助征员、代征员等不核发税务检查证。税务检查证须经发证机关加盖税务检查证专用印章后方为有效。税务检查证的使用期限为5年。税务检查通知书是根据《中华人民共和国税收征收管理法实施细则》规定,由国家税务总局制定。

(2)纳税人认为可能对公正执法有影响的稽查人员,可以向税务机关提出请求回避的要求

税务人员在核定应纳税额、调整税收定额、进行税务检查、实施税务行政处罚、办理税务行政复议时,与纳税人、扣缴义务人或者其法定代表人、直接责任人有下列关系之一的,应当回避:夫妻关系;直系血亲关系;二、三代以内旁系血亲关系;近姻亲关系;可能影响公正执法的其他利害关系。

(3)纳税人在税务稽查中要如实反映情况

企业在接受税务机关依法进行的税务检查中,要如实反映情况,提供账簿、记账凭证、报表等资料,接受稽查人员询问与纳税或者代扣代缴、代收代缴税款有关的问题和情况,接受稽查人员记录、录音、录像、照相和复制与案件有关的情况和资料,接受检查人员到企业的生产、经营场所和货物存放地检查应纳税的商品、货物或者其他财产。

(4)涉及企业的商业秘密要特别说明

税法规定纳税人、扣缴义务人有权要求税务机关为纳税人、扣缴义务人的情况保密。企业的商业秘密对企业来说至关重要。企业应该将税务检查中涉及的商业秘密进行特别说明,以防税务机关不了解情况而非故意泄密,避免引发不必要的税企争议。

(5)详细记录税务机关调取的账簿、记账凭证、报表和其他有关资料的情况

税务机关调取账簿、记账凭证、报表和其他有关资料时,按照规定会履行一定的手续。当账簿、记账凭证、报表和其他有关资料调出时,企业要认真核对后指定负责人签章确认,并记录应退还的日期;调出的账簿、记账凭证、报表和其他有关资料归还时,企业应认真审核,并履行相关签收手续。

(6)在税务稽查过程中正确行使陈述权,积极与税务稽查人员进行沟通

税务机关在税务检查结束前,检查人员可以将发现的税收违法事实和依据告知被查对象;必要时,可以向被查对象发出《税务

事项通知书》,要求其在限期内书面说明,并提供有关资料;被查对象口头说明的,检查人员应当制作笔录,由当事人签章。企业收到《税务事项通知书》时,应该积极准备陈述理由,并提供可靠的证据和依据,澄清事实。

(三)认真执行税务稽查结论

审理部门接到检查部门移交的《税务稽查报告》及有关资料后,安排人员进行审理。审理部门区分情形分别做出不同的审理结论,交由执行部门实施执行。

1. 收到《税务处理决定书》后应做的工作

纳税人有税收违法行为,应当进行税务处理的,执行部门下达《税务处理决定书》,要求被检查企业补缴税款及滞纳金。被检查的企业收到《税务处理决定书》后,如果对被查补税款没有争议,应该尽快缴纳税款及滞纳金。如果企业对查补税款的决定不服,应该自收到《税务处理决定书》后,按照规定缴纳税款及滞纳金或提供纳税担保,然后申请行政复议。

2. 收到《税务行政处罚事项告知书》后应做的工作

审理部门拟对被查对象或者其他涉税当事人做出税务行政处罚的,向其送达《税务行政处罚事项告知书》,告知其依法享有陈述、申辩及要求听证的权利。税务行政处罚的种类有罚款、没收违法所得、停止办理出口退税、吊销税务行政许可证。

(1)纳税人对税务机关处以行政处罚的结论无争议

纳税人在收到税务机关送达的《税务行政处罚事项告知书》后,如果对处罚结果存在异议,可以进行陈述和申辩,必要时也可以要求听证。由于企业对税务机关拟进行的税务行政处罚没有争议,认为自己的违法情况属实,在与税务机关进行沟通与协调时,要保证态度端正。在收到《税务行政处罚决定书》后,应在行政处罚决定规定的期限内予以履行。

(2)纳税人对税务机关处以行政处罚的结论有争议

纳税人在收到税务机关送达的《税务行政处罚事项告知书》后,企业如果认为处罚不当或处罚程序存在瑕疵,应该积极地向税务机关进行陈述、申辩,提供可靠的证据。如果提供的是口头陈述、申辩意见,要在审理人员制作的《陈述申辩笔录》上签章。企业如果被处以1万元以上的罚款或被处以吊销税务行政许可证的,可以要求听证。听证的要求应该在收到《税务行政处罚事项告知书》后的3日内提出。企业行使陈述权、申辩权和听证的权利,有利于让税务机关全面了解企业情况,客观研究和处理问题。

如果企业在行使了陈述权、申辩权和听证的权利后,仍收到了《税务行政处罚决定书》,企业可以自收到《税务行政处罚决定书》之日起60日内,依法向上一级税务机关申请行政复议。

如果企业对税务机关处以行政处罚申请税务行政复议,要严格按照国家税务总局最新发布的《税务行政复议规则》进行。企业在行政复议的过程中,应该注重和解与调解的运用。通过协调与和解可以化解纠纷、降低企业的纳税成本。《税务行政复议规则》规定:对税务机关行使自由裁量权做出的具体行政行为,如行政处罚、核定税额、确定应税所得率等具体行政行为行政复议事项,按照自愿、合法的原则,申请人和被申请人在行政复议机关做出行政复议决定以前可以达成和解,行政复议机关也可以调解。

申请人和被申请人达成和解的,应当向行政复议机构提交书面和解协议。和解内容不损害社会公共利益和他人合法权益的,行政复议机构应当准许。经行政复议机构准许和解终止行政复议的,申请人不得以同一事实和理由再次申请行政复议。

按照《税务行政复议规则》的规定,行政复议机关在征得申请人和被申请人同意程序后,可以对税务行政复议事项进行调解。听取申请人和被申请人的意见,提出调解方案,达成调解协议并制作行政复议调解书。行政复议调解书经双方当事人签字,即具有法律效力。企业如果同意调解书的内容,应该在行政复议调解书中签字,如果签字,意味调解书具有法律效力。

如果企业对税务机关做出行政处罚决定采取行政诉讼的,应该自收到《税务行政处罚决定书》之日起3个月内依法向人民法院起诉。当事人应在行政处罚决定规定的期限内予以履行。当事人在法定期限内既不申请复议又不起诉的,并且在规定期限内又不履行的,税务机关可申请人民法院强制执行。

本章小结

如今,税务稽查制度将会在税收管理中发挥更加重要的作用。我国现行税务稽查制度具有一些基本规定,其原则是合法、实事求是、公开公平公正、效率、分工制约。税务部门在执法过程中具有一些固有职能,即处罚警诫职能、监控职能、收入职能以及教育职能。而税务稽查职能的具体化则为税务稽查的任务,具体来讲,其任务主要有:查明处理税收违法违规案件、牵头组织进行税收专项检查和区域税收专项整治、打击发票违法违规犯罪活动以及开展常规性税务稽查;为了增加税务稽查工作管理,国家税务总局对税务稽查工作实行"四分离"制度,将税务稽查工作分为四个步骤,分别是选案、检查、审理以及执行;而税务稽查人员在进行税务稽查的时候,为了更好地发现税收违法违规现象,通常采取财务检查方法、分析方法、调查方法等;税务部门在对一部分企业进行税务稽查之前,常常要求这些企业进行自查自纠,所以企业应对税务稽查的方法主要为自查法。企业不仅需要了解并掌握应对主营业务收入稽查的自查技巧,还需对其他业务收入稽查给予了解及掌握。企业在应对税务部门稽查时通常采取三种策略,分别是做好接受税务稽查的准备工作、做好税务稽查人员的接待与沟通工作以及认真执行税务稽查结论。

参考文献

[1]伊虹."营改增"后税务稽查发展方向及应对研究[M].北京:清华大学出版社,2017.

[2]寇娅雯,石光乾.税法与税务会计[M].北京:清华大学出版社,2017.

[3]朱光磊,陈正坤.房地产税收面对面:实务与案例[M].北京:机械工业出版社,2017.

[4]王素荣.税务会计与税务筹划[M].北京:机械工业出版社,2017.

[5]梁文涛.纳税筹划实务(第6版)[M].北京:清华大学出版社、北京交通大学出版社,2017.

[6]李俊英.税务会计[M].北京:中国财政经济出版社,2017.

[7]翟继光.营业税改增值税——政策解析、操作实务与案例分析及纳税筹划[M].上海:立信会计出版社,2017.

[8]王岩.税务会计[M].北京:北京理工大学出版社,2017.

[9]左锐,薛小荣.税务会计[M].北京:立信会计出版社,2016.

[10]国家税务总局全面推开营改增督促落实领导小组办公室.全面推开营改增业务操作指引[M].北京:中国税务出版社,2016.

[11]白艳艳.最新营改增政策与案例解析[M].成都:西南财经大学出版社,2016.

[12]郭梅.营改增——政策解读与企业实操手册[M].北京:人民邮电出版社,2016.

[13]栾庆忠.营业税改征增值税实战操作[M].北京:中国市场出版社,2016.

[14]梁伟祥.税务会计:全面支持"营改增"[M].北京:人民邮电出版社,2016.

[15]王晓光.财政学[M].北京:清华大学出版社,2016.

[16]朱延涛.新企业纳税10天入门手册[M].北京:经济管理出版社,2016.

[17]李宝锋.税务会计学[M].北京:电子工业出版社,2016.

[18]王素荣.税务会计与税务筹划[M].北京:机械工业出版社,2016.

[19]邓轶群."营改增"背景下的税务会计[M].北京:地震出版社,2016.

[20]盖地.税务会计[M].北京:首都经济贸易大学出版社,2016.

[21]艾华.税务会计[M].大连:东北财经大学出版社,2016.

[22]王韬.企业税收筹划[M].北京:科学出版社,2015.

[23]姚爱群.税务会计[M].北京:北京交通大学出版社,2015.

[24]陈宗智.税务会计从入门到精通[M].北京:人民邮电出版社,2015.

[25]马晓颖,张林海,王红莲.税收风险管理策略[M].北京:中国税务出版社,2015.

[26]陈宗智,赵静,李晓霞.税务会计实务[M].广州:广东经济出版社,2014.

[27]谢新宏.税务稽查与企业纳税风险[M].北京:清华大学出版社,2013.

[28]李建军.营改增政策解读与企业实操手册[M].北京:人民邮电出版社,2013.

[29]李晓曼.税收风险管理理论与方法[M].北京:中国财政经济出版社,2013.

[30]丁会仁.税务稽查与税务风险规避技巧[M].北京:中国法制出版社,2013.

[31]全国税收"六五"普法丛书编委会组织.税务稽查读本[M].北京:中国税务出版社,2012.

[32]王晓玲.基于风险管理的内部控制建设[M].北京:电子工业出版社,2010.

[33]李大明.企业税收筹划原理与方法[M].武汉:武汉大学出版社,2008.

[34]刘笑池.我国税务会计模式分析[J].财会学习,2017(17).

[35]范志英.税务会计与财务会计差异与协调分析[J].财会学习,2017(12).

[36]张书豪.浅议税收会计、纳税会计与税务会计[J].经济视野,2017(7).

[37]胡云洁.对税收三性的探讨[J].现代经济信息,2016(5).

[38]罗昌财,宋生瑛.论企业所得税与个人所得税的协同[J].税务研究,2016(8).

[39]阮家福.论税收行为的道德缺失及其治理机制[J].税收经济研究,2011(8).

[40]蔡华.税收在财政收入中的作用[J].经营管理者,2011(4).

[41]赵涛,王博然.借鉴风险管理理论创新税收管理体制机制[J].税务研究,2010(2).

[42]何建荣.论企业税务会计管理的若干理论问题[J].商场现代化,2007(3).

[43]蒋颖.北京市地方税收征管体系分析与改革研究[D].北京林业大学,2006.